RICHARD JAUERNIK

AUSGEFALLENE WEIHNACHTSGESCHICHTEN
UND
SCHLESISCHE ERINNERUNGEN

RICHARD JAUERNIK

AUSGEFALLENE WEIHNACHTSGESCHICHTEN UND SCHLESISCHE ERINNERUNGEN

LAUMANN-VERLAG

Alle im Buch enthaltenen Bilder stammen aus dem Privatarchiv des Autors. Bei übernommenen Gedanken oder Zitaten wurde der Autor genannt oder als unbekannt vermerkt.

Satzherstellung:
Martina von Corvin,
www.grafikvoncorvin.de

Gesamtherstellung:
Laumann Druck & Verlag GmbH & Co. KG,
48249 Dülmen/Westf.

© 2022 by Laumann Druck & Verlag GmbH & Co. KG
Postfach 1461, 48235 Dülmen/Westf.

ISBN 978-3-89960-499-3

info@laumann-verlag.de
www.laumann-verlag.de

INHALTSVERZEICHNIS

Eine Vorbotschaft 7
Zum Autor und zum Buch 9
Mein Lebensmotto 11
Die wunderschöne Advents- und Weihnachtszeit 12
Häusliche Vorbereitungen für Weihnachten – dem größten Fest des Jahres . .15
Gibt es das Christkind und die Engel? .17
Erinnerungen an die schöne Adventszeit 20
Das Weihnachtsgeschenk: «Zeit füreinander zu haben» 21
Das Warten aufs Christkind 23
Ein Weihnachtsstern wurde geboren .26
Die Geschichte des Weihnachtsliedes «Stille Nacht, heilige Nacht» 29
Wertvolle Weihnachtswünsche 32
Das Christkind im Wandel der Zeit 33
Der erfüllte Traum eines Weihnachtsbaumes 37
Ja, es weihnachtet sehr! 40
Traumreise nach Schlesien 41
Unser Stern – der strahlende Diamant 46
Die Sorgen der Tiere über das Verhalten der Menschen 48
Der Knacki und der Adventskalender .50
Der Heilige Abend – Sterne gucken 58
Spuren im Schnee 61
Für ein Geburtstagskind in der Weihnachtszeit 64
Ein Weihnachtswunder 66
Eine interessante Glockeninterpretation 69
Der stibitzte Ehering 71
Eine Schneeflocken-Reklamation 73

Klein Paulchen und die «doppelte Bescherung» 75
Vorweihnachtliche Träume und Erinnerungen 78
Traumhafter Einsatz der himmlischen Heiratsvermittler 79
Eine Begegnung mit einer Landsmännin 82
Hund und Katz 85
Bitte locker bleiben, mach dir nix draus 87
«Klein Inge und der See-König» 90
Eine ganzjährige, visuelle Weihnachtsstimmung 93
Kohlmeise «Piep-Prinz» und die «beflügelte Menschenseele» 97
«Mama, darf mein Freund in die Wohnung?» 100
«G» – wie gute Geschenke 102
Eine Bescherung in der Natur 103
Ein Wunder in der Weihnachtszeit 105
Der Weihnachtssender «Wolke 7» 107
Ein Weihnachtsbrief an ein befreundetes Ehepaar 109
Ich wünsche Ihnen Weihnachten, wie es früher einmal war 111
Ein Überraschungsbesuch bei einer älteren Dame 113
Haben Sie noch ein Geschenk vergessen? 116
Welche Sehnsüchte erwarten wir vom Weihnachtsfest? 119
Ein anerkennendes Dankeschön für unsere Frauen 121
Die «Raubkatzen-Invasion» 123
Einige schlesische Familienrezepte 126
Eine Weihnachtsnachlese zum Nachdenken 130
Alles ist nur geliehen auf dieser Welt 132
Ein Dank an meine Heimat 134
Erlebnisse in der schlesischen Natur 136
Das «Storchengericht» 141
Die «Krallen-Mühle» und der Wassermann 144
Ein Spaziergang mit Rübezahl in Schlesien 146
Rübezahls Einladung nach Schlesien 151
Ein Autokauf mit Hindernissen 153
Eine polnisch-deutsche «Romeo und Julia» Geschichte 155
Sogar ein «Dachschaden» kann nützlich sein 158
Auch im neuen Jahr soll uns die Lebensfreude erhalten bleiben! ..162
Alles hat sein Ende, auch das Jahr 165
Ein frommer Neujahrswunsch 166

EINE VORBOTSCHAFT

«ES WEIHNACHTET SEHR»,
JETZT KLINGT ES NOCH SEHR LEISE,

EINIGE STERNVERWANDTE
SCHICK ICH AUF DIESE REISE.

ZUM AUTOR UND ZUM BUCH

Der Autor sagt von sich: «Von meinem Optimismus und von meinem Glück möchte ich gerne anderen Menschen etwas verschenken!»

Mit viel positivem Erbgut wurde er 1937 in Oberschlesien geboren, lebte ab 1945 16 Jahre im polnischen Schlesien «Śląsk» und ab 1961 in der Bundesrepublik Deutschland.

Beruflich war er langjährig, erfolgreich als Pharmareferent tätig. Seine Hobbys: Vor allem das Schreiben, das Basteln mit farbigem Glas in Tiffany-Technik und auch das Malen bereiten ihm viel Freude.

Dieses Buch «Ausgefallene Weihnachtsgeschichten und schlesische Erinnerungen» beinhaltet viele Weihnachtserlebnisse, wahre Kinderträume, Engelsgeschichten, Märchen und mehr. Sie erwärmen das Herz und die Seele, spenden viel Lebensfreude, verbreiten manchmal sogar Freudentränen und können die Advents-Wartezeit angenehm verkürzen.

Das Buch bietet lustige, informative Geschichten aus der Zeit «Es war einmal …» und aus Schlesien. Sie lassen Erinnerungen aufblühen.

Das Buch

VERBESSERT IHRE STIMMUNGSLAGE AM WEIHNACHTSFEST,
BRINGT GUTE LAUNE UND WÄRME INS HÄUSLICHE NEST.
VERMITTELT ERINNERUNGEN, SPASS, ZUFRIEDENHEIT
UND SORGT FÜR LEBENSFREUDE IN DER HEUTIGEN ZEIT.

MEIN LEBENSMOTTO
FREUDE EMPFANGEN, SIE ZU POTENZIEREN UND SIE WEITER ZU VERSCHENKEN!

Man sollte im Leben immer nach vorne schauen, doch schöne Erinnerungen sollte man nicht verwerfen. Sie wirken wie eine Nahrung, wie Vitamin «B». Die persönliche Psyche profitiert davon in erheblichem Maße, denn die Freude, Zufriedenheit und Ausgeglichenheit bleiben dadurch erhalten und verschönern die Lebensqualität.

Demzufolge kann man interessante Ereignisse und Geschichten, die sich im Leben im Gehirn wie auf einer Festplatte gespeichert haben, wieder aufleben lassen. Zwei Faktoren spielen dabei eine entscheidende Rolle:
- die unvergessliche und lang erwartete Advents- und Weihnachtszeit und
- die traumhaften Erlebnisse in der Heimat der Kinderzeit.

Man genoss damals noch eine Freiland-Erziehung in einer paradiesischen, unzerstörten Natur. Auch das Christkind erfüllte in jener Zeit noch viele kleine Wunder.

Es wäre schade, wenn mit unserer älteren Generation wesentliche Information verlorengehen würden.

DIE WUNDERSCHÖNE ADVENTS- UND WEIHNACHTSZEIT

Quirinus-Basilika in Neuss in Tiffany-Technik

Weihnachtliches Ölbild

Weihnachten – es ist die schönste Jahreszeit. Familie, Geborgenheit, Wärme, Zufriedenheit, aber vor allem Frieden in der Welt gehören zu den Grundpfeilern dieser Jahreszeit. Die Adventszeit ist aber auch in der Kinderzeit die Zeit, welche mit der längsten Wartezeit des Jahres in Verbindung steht.

Es weihnachtet, weihnachtet, weihnachtet sehr,
das Warten als Kind, fiel einem sehr schwer.
Träume und Wunder, die wurden stets wahr,
es ist das größte Erlebnis im Jahr.

Jeder Erwachsener kann wieder ein Kind sein und mit gelassener Besinnlichkeit diese Jahresereignisse Revue passieren lassen. Es ist aber auch eine Gelegenheit, um den Mitmenschen Aufmerksamkeit, Anerkennung und Freude zu schenken. *Das Geheimnis der Weihnachtszeit besteht darin, dass wir auf unserer Suche nach dem «Großen und Außerordentlichen, auf das Kleine und Unscheinbare» hingewiesen werden.*

Mit dem berühmtesten Weihnachtsreim eines unbekannten Autors möchte ich beginnen:

ADVENT, ADVENT, EIN LICHTLEIN BRENNT.
ERST EINS, DANN ZWEI, DANN DREI, DANN VIER,
DANN STEHT DAS CHRISTKIND VOR DER TÜR.

HÄUSLICHE VORBEREITUNGEN FÜR WEIHNACHTEN – DEM GRÖSSTEN FEST DES JAHRES

In meiner Lebenszeit von über 85 Jahren haben sich die Arbeitsgeräte, die Versorgung für das Weihnachtsfest, ja die ganze Welt und wir uns mit ihr verändert. Daher wirken manche Informationen aus dieser Zeit für die junge Generation fremd oder sogar unverständlich.

In der Zeit, als ich noch Kind war, begann man schon mit den Vorbereitungen auf das Weihnachtsfest wesentlich früher, das heißt im ersten «r» Monat des Jahres. Denn es funktionierte noch nicht alles problemlos – nur auf Knopfdruck – ohne großen Arbeitseinsatz. Um die Wohnung im Winter warm zu bekommen, musste jeder Kachelofen einzeln befeuert werden und vor allem der Küchenherd für die Essenszubereitung. Holz zerkleinern, Kohle und Briketts bereitstellen.

Nicht jeder ländliche Ort verfügte über elektrischen Strom, daher wurden Petroleumlampen und Kerzen benötigt. Es gab auch noch keine elektrischen Küchenherde, Küchengeräte und auch keine Tiefkühlgeräte. Die Hausfrauen mussten alles auf eine andere Art und Weise konservieren. Der Kühlschrank und die Backhaube, dort wo es Strom gab, gehörte noch zu den ganz seltenen Luxusgeräten.

An Obst und Gemüse gab es nur das, was man in der Jahreszeit im eigenen Garten geerntet hat oder vom Bauern beziehen konnte. Sehr viele Fruchtarten wurden «eingeweckt», in Gläsern der Fa. Weck eingekocht oder zu Marmelade verarbeitet.

Auch erworbene Zuckerrüben wurden zu Sirup (Rübenkraut) verarbeitet. Frühkartoffeln, Tomaten oder Spargel gab es nur einmal im Jahr und das in der Erntezeit. Daher freute man sich riesig ein ganzes Jahr lang darauf. Damals hat man noch nicht exotische Früchte und Gemüsesorten mit Flugzeugen aus anderen Ländern transportiert. Es wütete auch noch der II. Weltkrieg mit vielen Einschränkungen.

Die Walnüsse, Haselnüsse, Äpfel wurden nach dem Ernten meist fürs Weihnachtsfest im Keller verschlossen gelagert, damit sie nicht vor dem Fest von den «genäschigen Raubkatzen» verspeist wurden.

In der ländlichen Gegend befanden sich fast in jedem Haus riesengroße «Bunzelpötte» mit selbst eingelegtem Sauerkraut, süß-sauren Gurken und gepökeltem Fleisch. Der «Bunzelpott» – ein Fässchen – ist ein großer glasierter Steinguttopf aus Bunzlau, Schlesien.

Nun kommt das Allerschlimmste für die junge Generation – es gab kein Fernsehgerät, keinen Computer, kein Handy. Man kommunizierte miteinander nur per Brief und mit dem Telefon.

Nur ein Radio und Grammophon sorgten für musikalische Abwechslung. Mein Heimatdorf – Gnadenfeld – verfügte damals schon über Stromanschluss.

Das Weihnachtsmenü – ich verfüge nicht über statistische Zahlen, aber ich glaube, dass bei 90% der Schlesier der gebratene Karpfen mit Sauerkraut am Heiligen Abend auf den Tisch kam. Das war Tradition. Aber auch die Weißwurst aus Kalbfleisch war sehr beliebt.

Die notwendigen Karpfen mussten schon rechtzeitig früh im Herbst gefangen und lebend in frostfreien Behältnissen gehalten werden. Denn in der Weihnachtszeit waren alle Fischzuchtteiche mit dickem Eis zugefroren. Daher hat man den zwischenzeitlich gefischten Karpfen lebend erworben, Zuhause in einer Wanne deponiert und dann erst kurz vor dem Fest geschlachtet.

UNFREUNDLICH, NASS UND FROSTIG IST SCHON DIESE ZEIT,
MAN SEHNT SICH NACH DER WÄRME UND GEMÜTLICHKEIT.
NACH GROG, PUNSCH, GEBÄCK, DEM LECKEREN KARPFENFISCH,
KERZEN-ATMOSPHÄRE, AM FAMILIÄREN TISCH.

GIBT ES DAS CHRISTKIND UND DIE ENGEL?
BLEIBT DIESE FRAGE NOCH OFFEN?

DIE BEANTWORTE ICH FÜR MICH MIT EINEM DEUTLICHEN JA!

Es gibt das Christkind und auch die Engel – so wie unsere Liebe, unsere Phantasie, unseren Glauben, unsere Luft zum Atmen und auch die Tatsache, dass sich die Erde dreht.

Nicht alles können wir sehen bzw. begreifen, aber diese Ereignisse existieren und sie bestimmen unser Leben. Ohne Liebe, Weihnachten, dem Christkind, der Engel wäre die Welt dunkler, auch uns gäbe es nicht und auch nicht den strahlenden Kerzenglanz, die Wärme, die Freude und die leuchtenden Augen der Kinder.

Sogar auf die digitale Frage bei «Alexa: Gibt es das Christkind?» Lautet ihre Antwort: «Ich kenne es nicht persönlich, aber ich höre immer nur Gutes über das Christkind. Sollte ich es einmal treffen, melde ich mich.»

Äußerst diplomatisch!

Übrigens, in der jetzigen Zeit kann man das Christkind sogar gelegentlich im Fernsehen sehen, manchmal in Nürnberg, aber sogar mehrfach in Engelskirchen.

Denn in Engelskirchen hat das Christkind mit vielen helfenden Engeln in der Adventszeit sogar ein Postamt und beantwortet von Kindern alle geschriebenen Briefe.

Zwischenzeitlich hat sich unser Leben sogar positiv verändert, aber die «Alte Zeit» mit ihren Erinnerungen ist doch viel romantischer. *Schon allein die vorweihnachtlichen Träume über das Christkind und die Erinnerungen wirken wie Engelsmusik für die Seele.*

Mein persönlicher Schutzengel spielt in meinem Leben eine sehr große Rolle. Ich verdanke ihm mein Leben. Er besucht mich auch sehr häufig in Träumen und das ganz besonders in der Weihnachtszeit.

> MEIN SCHUTZENGEL HAT OFT DIE BETREUUNG ÜBERNOMMEN
> UND MANCHMAL AUCH RECHT SCHWERE AUFGABEN BEKOMMEN.
> HAT BEI ERKRANKUNGEN, PROBLEMEN AN SCHWEREN TAGEN,
> MICH BEGLEITET, GESTÜTZT UND AUF «HÄNDEN GETRAGEN».

Er hat mit seinem Kollegen meines Erachtens sogar beigetragen, dass ich meine Traumfrau fürs Leben gefunden habe. «Traumfrau?» Ja, ich habe von ihr immer geträumt!

Die Tradition hat mich gelehrt, dass es sich lohnt auf etwas Wünschenswertes zu hoffen und dass man für kleine «Wunder» viel Geduld aufbringen muss. Und auch, dass man nicht alles haben muss. Und in keinem Fall sofort!

Ohne Christkind wären meine kindlichen Erlebnisse und Erinnerungen sehr arm und es wäre mir viel Schönes und Fröhliches im Leben verloren gegangen!

ERINNERUNGEN AN DIE SCHÖNE ADVENTSZEIT

*In der Heimat, der Kindheit, der schönen Adventszeit,
da war es sehr kalt, die Gegend immer tief verschneit.
Auf den Doppelfenstern, dem stets gut erwärmten Haus,
malte der Frost mit Frostblumen – Ornamente aus.*

*Der unvergessliche Raum war immer die Küche,
sie beherbergte die besten Weihnachts-Gerüche.
Hier backte Mutter Leckeres am laufenden Band,
vieles leider davon in Blechbehältern verschwand.*

*Für uns Kinder wars die allerschönste Jahreszeit,
man rodelte, war für jede Schneeschlacht bereit.
Abgekämpft, erfroren, hungrig ist man ins Haus gekommen
und hat gierig «verunglücktes Gebäck» bekommen.*

DAS WEIHNACHTSGESCHENK: «ZEIT FÜREINANDER ZU HABEN»

BRINGT NACHHALTIGE ZINSEN!

*Wir wünschen Ihnen ganz besondere Gaben,
in jedem Fall das, was die meisten nicht haben.
Wir wünschen Ihnen Zeit, fürs entspannte Lachen,
man kann viel Positives daraus machen.*

*Wir wünschen Ihnen Zeit zum Genießen, Denken
und als Weihnachtsgabe sogar zum Verschenken.
Denn in der heutigen schnellen, hektischen Zeit,
heißt es sonst: «Das geht heute nicht, es tut mir leid!»*

*Genießen Sie die schöne Zeit mit voller Kraft,
was die Gesundheit erlaubt, der Körper noch schafft.*

*Sachen, die früher mal wichtig, sind jetzt banal,
gehen dem Streit aus dem Wege, Frohsinn heißt die Wahl.*

*Wir wünschen Ihnen geistige Weihnachtsgaben,
um genügend Zeit füreinander zu haben.
Zeit, für Dankesworte, Freude, Aufmerksamkeit,
viel Gesundheit, gute Stimmung, Geborgenheit.*

*Genießen Sie die Weihnachtszeit in Dankbarkeit,
gemeinsam mit den Nächsten, in Zufriedenheit,
in Ihrem weihnachtlich schön geschmückten Nest
und feiern entspannt ein frohes Weihnachtsfest.*

DAS WARTEN AUFS CHRISTKIND

Sicherheitshalber habe ich ein Haus-Eingangsfoto platziert, dass das Christkind auch den richtigen Eingang findet.

«ALLE JAHRE WIEDER KOMMT DAS CHRISTUSKIND,
AUF DIE ERDE NIEDER, AUF DER WIR HEUT NOCH SIND.»

Das schöne Lied: «Alle Jahre wieder kommt das …» hat für mich eine besondere Bedeutung. Es wirkt wie ein Auslöser, welcher alle schönen Erinnerungen der Adventszeit aus meiner Kindheit in Schlesien wieder zurückbringt. Es kann sein, dass ich mich manchmal wiederhole, aber auch das gleiche Weihnachtsfest feiern wir jedes Jahr.

Ich bin überzeugt, dass es auch Ihnen so ergeht. Ich sehe wieder alle Erinnerungen meiner Kindheit vor mir, als ob ich sie erst vor kurzem erlebt hätte:

Die tief verschneite Gegend, die schönen Eisblumen-Ornamente, welche der Frost auf den damals einfachen Doppelfenster-Scheiben hinterließ und höre sogar unter meinen Schuhsohlen das frostige Klirren im festgetretenen Schnee. Es sind tatsächlich Erinnerungen, denn so eine Wirklichkeit gibt es heute kaum noch.

Auch die Küche in dieser Zeit gehörte zu dem allerschönsten Aufenthaltsort. Gemütlich, kuschelig warm, dafür sorgte der Kohleküchenherd, welcher ständig in Betrieb war. Aber vor allem, hier war auch meine Mutter. Sie war die ganze Zeit beschäftigt, backte verschiedene Leckereien und sang dazu schöne Weihnachtslieder. Ich half ihr dabei und erwarb dabei viele Erfahrungen fürs Leben. Ich sorgte auch für eine gute Vorwäsche aller Schüsseln, in dem ich sie gründlich ausgeleckt habe.

Den betörenden Duft der Gewürze in diesem Raum hätte man buchstäblich schneiden können. Es war eine unvergessliche Duft-Symbiose von A bis Z, von Anis über Kardamom bis Zimt.

Von der Decke, im Zimmer an roten Bändern, hing ein großer Weihnachtskranz. Alles sah schon weihnachtlich aus, nur die Zeit stand still und wollte nicht vergehen. Endlich, endlich kam der erste Adventssonntag.

Meine Mutter hob mich hoch und ich durfte, als Jüngster in der Familie, die erste Kerze auf dem großen Adventskranz anzünden. Wir setzten uns an einen Tisch, Mutter nahm mich auf den Schoß und erzählte mir die Weihnachtsgeschichte, dann sangen wir, weil es draußen schneite, das Lied «Leise rieselt der Schnee ...».

Sie nahm einen Bleistift, einen Bogen Papier und schrieb für mich meinen Wunschzettel ans Christkind. Das war nämlich sehr wichtig. Ich musste mich äußerst konzentrieren, um ja bloß nichts zu vergessen. Zum Schluss habe ich dazu ein Blümchen gezeichnet und habe alles mit meiner Unterschrift besiegelt. Der Wunschzettel kam in einen Briefumschlag und wurde an das Christkind adressiert. Diesen deponierte ich zwischen den Doppelfenstern in der Küche.

Die ganze Nacht konnte ich kaum schlafen und ganz früh sprang ich aus dem Bett. Ich musste mich überzeugen, ob mein Wunschzettel auch abgeholt wurde. Ich war erleichtert, sprang herum und schrie: «Er ist weg, er ist weg!»

Auch heute fühle ich mich bei diesen Erinnerungen wie ein kleiner Junge. Selbst die Ungeduld von damals hat sich wieder eingenistet. Nur die Wartezeit, von damals bis zum Fest, hat sich entscheidend verändert, heute verläuft sie viel zu schnell.

Auch unsere Wünsche ans Christkind haben sich, in unserem leicht fortgeschrittenen Alter, entscheidend verändert und eine andere Zielrichtung und Bedeutung bekommen.

Im Namen aller Anwesenden möchte ich einen Wunschzettel an das Christkind schreiben.

Liebes Christkind!

Wir bitten Dich, erfülle uns diesen wertvollen Gesundheitswunsch. Stärke uns mit Kraft, Hoffnung und Zuversicht, dass wir auch kleine zusätzliche Schwächen als Päckchen gut ertragen und noch tragen können. Wir erwarten keine großen Wunder, doch wir danken Dir unendlich, sofern Du uns mit paar kleinen unsichtbaren Alltagswundern hin und wieder verwöhnst.

Schenke uns Frieden in der Welt, Gesundheit und ein schönes, frohes, friedliches und besinnliches Weihnachtsfest im Kreise der Angehörigen, Freunde oder Bekannten.

Liebes Christkind wir danken Dir ganz herzlich im Voraus.

EIN WEIHNACHTSSTERN WURDE GEBOREN

Es war schon finster und am Himmel zeigten sich immer mehr Sterne. Karlchen konnte noch nicht schlafen und beobachtete den Himmel durch das Zimmerfenster.

Er fühlte sich in seiner neuen Internatsunterkunft recht fremd und hatte noch keine echten Freunde. Seine Eltern beschlossen, dass er in der Gnadenfelder, hochangesehenen Herrnhuter-Schule seine Ausbildung bekommen sollte. Er war einer von vielen Buben aus adligen Familien, die sogar aus dem fernen Ausland kamen. Schließlich war es für ihn das erste Mal im Leben, dass er alleine weit weg von seinen Eltern war. Sehnsüchtig und fast verloren träumte er von seinem Zuhause so vor sich hin.

Ein kleiner Stern an der rechten Fensterseite unterbrach seine Grübelei, irgendwie ist er ihm besonders aufgefallen und er versank tief in Gedanken. Karlchen sprach mit sich selbst ganz leise, er wollte nicht, dass die anderen Zimmerbewohner munter werden.

«Hallo, du kleiner funkelnder Schatz, fühlst du dich da oben auch so einsam? Komm doch zu mir herunter, dann wären wir zu zweit und in deinem hellen Schein hätte ich nicht so viel Angst.» Er betrachtete ihn sehr aufmerksam weiter. «Ach wie schön wäre es, wenn du mich hören könntest. Aber jetzt sind wir doch in der Weihnachtszeit und in dieser Zeit passieren manchmal einige Wunder.» Der Stern ließ ihn nicht los.

«Was war das? Hat sich der Stern etwas bewegt?» Auch dem Stern war es vermutlich sehr langweilig. Er blinkte zu seinen Kollegen mal rechts, mal links, bekam aber keine sinnvolle Antwort und entschloss sich für eine Sternschnuppe.

Karlchen trauten seinen Augen nicht, als plötzlich eine helle Sternschnuppe den Horizont erleuchtete und sich der Erde näherte. «Wahnsinn! Wahnsinn!» Karlchen musste seinen Freudeschrei mit dem vorgehaltenen Kopfkissen unterdrücken. «Der Stern hat mich gehört! Er hat mich erhört und mir eine Weihnachtsbotschaft gesendet.» Für Karlchen war die Nacht hin, er konnte nicht mehr schlafen. «Das glaubt mir doch keiner.»

Am nächsten Tag wollte Karlchen seine nächtlichen Erlebnisse seinem Lehrer erzählen. Schüchtern und zurückhaltend druckste er herum. «Was hast du denn, Karlchen, was bedrückt dich?» Als guter Pädagoge zeigte er für seine Erlebnisse viel Verständnis, Karlchen war glücklich, erleichtert und erzählte ihm seine Erlebnisse.

Beim Lehrer ist auch gleich ein neuer Beschäftigungsgedanke für die Buben entstanden und meinte: «Ach, schade, dass dieser kleine Stern nicht auf die Erde gefallen ist. So ein kleiner Stern wäre doch ein schöner Schmuck für unseren Christbaum.» Er bedankte sich sogar bei Karlchen: «Denn du hast mich auf einen Gedanken …» Hier unterbrach er seine Worte.

Am nächsten Vormittag stand sowieso «Werktag» auf dem Lehrplan. Auf den Tischen lag festes Papier für einen Stern-Wettbewerb. «Wer den schönsten Stern kreiert wird belohnt.» Für ihn als Pädagoge war das auch ein guter Einstieg in die Geometrielehre.

Für die Buben war es ein echter Ansporn. Es entstanden tatsächlich zahlreiche, interessante Vorschläge. Der kleine Hans, der Bettnachbar von Karlchen, hat aus festem Karton sogar einen recht gut gelungenen Stern zusammengebastelt. Es hat allen Buben so viel Spaß bereitet, dass sie mit dem Basteln gar nicht aufhören wollten. Abends war tatsächlich schon ein schöner neuer Stern vorhanden. *Das war ein riesiger Erfolg, denn ein neuer Weihnachtsstern wurde geboren.*

Seit ca. 160 Jahren wurde dieser wunderschöne Weihnachtsstern in verschiedenen Größen und Farben in den «Herrnhuter-Gemeinen» Herrnhut, Niesky und Gnadenfeld hergestellt. Anfangs schmückten diese neuen Sterne nur die Wohnungen, die Kirchen und Räumlichkeiten der Herrnhuter.

Inzwischen wurden diese wunderschönen Weihnachtssterne perfektioniert und werden vorwiegend in Handarbeit in verschiedenen Größen, Farben und mit Beleuchtung hergestellt. Dieser neue Stern hat wie das berühmte Weihnachtslied «Stille Nacht» fasst die ganze Welt erobert.

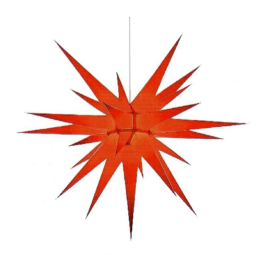

DIE GESCHICHTE DES WEIHNACHTSLIEDES «STILLE NACHT, HEILIGE NACHT»

Ich möchte über die Entstehungsgeschichte des Weihnachtsliedes «Stille Nacht, heilige Nacht» berichten. Das schönste und bedeutsamste deutschsprachige Weihnachtslied ist im Jahre 1818, also vor über 200 Jahren, entstanden. Der Geburtsort dieses Liedes war ein kleines Dorf, Oberndorf bei Salzburg. Die Pfarrkirche St. Nikola und die Orgel haben dabei eine große Rolle gespielt. Jedoch für die Regie hat eine kleine Maus gesorgt.

Es war ein sehr kalter Winter, der Boden war zugefroren und plötzlich begann es auch noch zu schneien. Die schon erwähnte kleine Maus machte sich auf Futtersuche. Auf ihrem Heimweg suchte sie verzweifelt nach ihrem verschneiten Zuhause oder nach irgendeinem noch nicht zugefrorenen Mauseloch bzw. einem anderen warmen Zufluchtsort. Jedoch vergebens. Nur an der großen Pforte der St. Nikola Kirche fand sie glücklicherweise einen kleinen Spalt und schlüpfte schnell in die Kirche hinein.

Endlich war es ihr wieder warm, aber leider gab es hier nichts Essbares. Sehr erschöpft, mit ihren letzten Kräften, kletterte sie auf die Orgelempore und fand glücklicherweise hinter der Orgel einige spärliche Brotkrümelchen. Doch dann vernahm sie einen verlockenden Duft von Leder. Es war der Blasebalg der Orgel. Endlich kam die erlösende Rettung. Sie begann daran recht gierig zu knabbern und das Loch am Blasebalg wurde immer größer und größer. Das geschah einen Tag vor dem Heiligen Abend.

Der Organist, Lehrer Franz Xaver Gruber, begab sich noch einmal in die Kirche, um das Orgel-Repertoire für die Heilige Messe zu überprüfen.

Doch aus der Orgel kam kein einziger Ton heraus. Er sah die Katastrophe und stellte fest, dass für so eine Reparatur die Zeit nicht mehr ausreiche. Doch glücklicherweise hatte der Pfarrer, Joseph Mohr, zuvor ein Gedicht über die «Stille, heilige Nacht» geschrieben. In dieser Notlage haben sie gemeinsam zu diesem Text eine Melodie komponiert. Auf die Schnelle hat der Lehrer Gruber dieses Lied mit einigen Knaben einstudiert und es dann in der Heiligen Nachtmesse mit seiner Gitarre und den Knaben gesungen.

Und so wurde ein neues Weihnachtslied geboren. Ja, es war tatsächlich die Geburtsstunde eines wunderschönen, neuen Weihnachtsliedes mit dem Titel «Stille Nacht, heilige Nacht».

Dieses einmalige Weihnachtslied hat wie der Stern von Bethlehem, eine Reise in die entlegensten Länder der Welt vollbracht. Es wurde in über 300 andere Sprachen und Dialekte übersetzt. Es gehört weltweit zu den schönsten Weihnachtsliedern. Obwohl sich die Menschen in den 200 Jahren verändert haben, hat das Jubiläumslied «Stille Nacht, heilige Nacht» an Klang und Schönheit nicht verloren.

An der Stelle, auf der damals die St. Nikola Kirche stand, befindet sich heute die «Stille-Nacht-Museumskapelle». Ich glaube, wir können dieser unscheinbaren, kleinen Maus sehr dankbar sein. Denn, auch ich habe seit dieser Erkenntnis in meinem Portemonnaie als Glücksbringer nicht nur eine Karpfenschuppe, sondern schätze sogar das Vorhandensein von vielen, vielen glücksbringenden «Mäusen».

STILLE NACHT, HEILIGE NACHT!

Stille Nacht, heilige Nacht!
Alles schläft, einsam wacht.
Nur das traute hochheilige Paar.
Holder Knabe im lockigen Haar:
Schlaf in himmlischer Ruh!
Schlaf in himmlischer Ruh!

Stille Nacht, heilige Nacht!
Gottes Sohn, o wie lacht
Lieb aus deinem göttlichen Mund,
Da uns schlägt die rettende Stund:
Jesus, in deiner Geburt,
Jesus, in deiner Geburt!

Stille Nacht, heilige Nacht!
Hirten erst kundgemacht!
Durch der Engel Halleluja.
Tönt es laut von fern und nah:
Jesus der Retter ist da,
Jesus der Retter ist da!

WERTVOLLE WEIHNACHTSWÜNSCHE

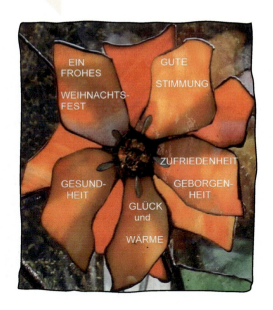

JEDES EINZELNE BLÜTENBLATT,
EINE LIEBE WEIHNACHTSBOTSCHAFT HAT,
SOLLEN GUTE WÜSCHE ÜBERBRINGEN
UND «WUNDER» BEWIRKEN, DIE GELINGEN.

DAS CHRISTKIND IM WANDEL DER ZEIT

Es ist einst der schönen Weihnachtslieder, «Alle Jahre wieder kommt das Christuskind ...» welches das wiederkehrende Weihnachtsfest ankündigt, also die Feier der Geburt vom Christkind vor über zweitausend Jahren in Bethlehem. Schon in der damaligen Zeit hat man die Ankunft, das Erscheinen des göttlichen Erlösers, sehnsüchtig erwartet. Das widerspiegelt sich auch im Wort «Advent» bzw. adventus domini – die Ankunft des Herrn.

Weihnachten ist das schönste Fest des Jahres der christlichen Religion – ein Fest, das Glück, Träume, Wünsche und Sehnsüchte erfüllen kann. Es ist aber auch das Fest der Familie, der Liebe, der Hoffnung und des Friedens.

Weil das Glück aber nicht immer in unserer Hand liegt, benötigt man zusätzlich die Zuwendung Gottes. Die tiefe Gläubigkeit bewirkte, dass einige kleine und große Wunder sich erfüllten. In jeder Kirche wurde eine Krippe mit Figuren der Heiligen Familie, dem Christkind, Tieren und den Heiligen Drei Königen aufgebaut und festlich geschmückt.

Und auch in den Kirchengebäuden nahmen die Figuren von Heiligen zu. Man versah die Decken und Wände der Kirchen mit schönen Bildern und Geschichten. Das war auch in dieser Zeit notwendig, denn die meisten Menschen konnten damals noch nicht lesen. In Begleitung von Orgeln sang man in zahlreichen Gottesdienstmessen wunderschöne Weihnachtslieder.

Diese Rituale wurden in vielen Familien der Zeiten trotz der Armut, der Krankheiten und der Not gefeiert und dadurch ihr Leben mit Hoffnung, Zuversicht und der Zufriedenheit bewältigt.

Da die Christi Geburt in der kalten und dunkelsten Jahreszeit stattfand, versuchte man mit dem «Licht Gottes» die Räumlichkeiten zu erhellen. So ein bedeutendes Fest hat man dann auch in die eigenen privaten Räumlichkeiten verlagert.

Martin Luther hat das uns heute bekannte Weihnachtsfest maßgeblich geprägt. Er hat das Christkind eingeführt, dazu einen blondgelockten Engel und die Bescherung am Heiligen Abend gleich dazu. Bei der Bescherung hat er vor allem an die Kinder gedacht. Durch Spaß, Dankbarkeit und Freude wollte er die Kinder mehr an den Glauben binden.

Die Geburt Christi sollte im Mittelpunkt aller christlichen Feierlichkeiten stehen und als fröhliches Familienfest gefeiert werden.

Martin Luther schrieb im Jahre 1535 mit «Vom Himmel hoch, da komm ich her» eines der schönsten deutschen Weihnachtslieder.

Der Weihnachtsbaum hat eine lange Tradition und seinen Ursprung schon in der heidnischen Zeit. Denn immergrüne Pflanzen symbolisierten die Fruchtbarkeit und die Lebenskraft.

Aber erst im 19. Jahrhundert setzte sich der Christbaum durch. Er wurde anfangs vorwiegend mit Obst, Brezeln, Süßigkeiten geschmückt und von Wachskerzen erleuchtet. Man verwendete damals Wachskerzen, denn es gab noch keinen Strom. Auch weiterer Schmuck wie: Christbaumkugeln, Lametta, die Engel oder andere Figuren kamen erst später dazu.

Dieser Brauch verbreitete sich vom deutschsprachigen Gebiet in die ganze Welt. Man holte sich in der kalten Jahreszeit die immergrüne Tanne ins Haus. Sie sollte die Lebenskraft und die Gesundheit stärken und mit dem Grün die Hoffnung auf die Wiederkehr des Frühlings geben. Aus dem Tannenbaum wurde ein Christbaum.

Nun mach ich einen Sprung in die Zeit meiner Kindheit, das heißt in die ersten Jahre von 1940. Den bis unter die Decke reichenden Christbaum hat bei uns Zuhause das Christkind gebracht. Er stand für uns Kinder in einem verschlossenen Raum und wurde auch von dem Christkind und den helfenden Engeln geschmückt.

Die unter dem Baum platzierten Geschenke kamen auch vom Christkind. Der Baum war mit Lametta, Wachskerzen und vorwiegend mit silbernen Kugeln geschmückt. Das Zimmer wurde nach einem Klingelgeräusch geöffnet und vor den Augen stand ein wunderschöner erleuchteter Christbaum. Dieser traumhafte Eindruck hat sich bei mir für das ganze Leben wie auf einer Festplatte eingeprägt!

Diesen fantastischen Eindruck kann ich noch heute vollständig abrufen! Die gesamte Atmosphäre mit dem Wunschzettel, den Liedern, die Mutter mit mir sang, Adventskranz mit den Kerzen, der aromatische Gebäckduft und das Klingeln des Christkinds. Alle Rituale mit viel Kerzenschein und familiärer Wärme schenkten das Gefühl von Freude, Geborgenheit, Zufriedenheit und Dankbarkeit. Auch den Besuch der Christmesse in der Kirche und den Krippenbesuch möchte ich hier nicht vergessen.

In manchen Gebieten in Deutschland kommt statt des Christkinds der Weihnachtsmann mit den Geschenken zu den Kindern.

Aber ich bleibe meiner Tradition treu, auch bei meinem lieben Christkind, denn es war sogar in der Lage, einige kleine «Wunder» zu verwirklichen.

Nun möchte ich in die jetzige Zeit einen weiteren generativen Zeitsprung wagen. Die Bindung an die Glaubenstradition des Festes hat sich leicht verändert. Das Weihnachtsfest wurde recht stark kommerzialisiert und man hört sehr häufig nur einen Satz. «Es ist für mich ein echter Stress, denn was soll ich bloß schenken?»

Das gegenseitige Schenken von Konsumgütern ist weit nach vorne gerückt und die Kinderzimmer überquellen heutzutage von digitalem Spielzeug.

Der häusliche Gesang von Weihnachtsliedern ist stiller geworden und auch in den Medien hört man kaum noch deutsche Weihnachtslieder. Dafür hört man leider überwiegend englische Lieder.

Auch der Verlauf des Festes hat sich leicht verändert. Denn den Christbaum holt man jetzt selbst mit den Kindern und er wird auch gemeinsam geschmückt.

Der Baum wird mit LED-Lichterketten beleuchtet, das Lametta ist ganz verschwunden, die dekorativen Kugeln variieren in Farbe und Form. Bei den gewünschten Geschenken helfen die Eltern dem Christkind und den Engeln.
Selbst diejenigen, für die der Glaube und die Kirche fremd geworden sind, lassen sich von dem leuchtenden Kerzenschein und der festlichen Stimmung gerne beeinträchtigen. Denn kein anderes Fest berührt die Herzen der Menschen so stark, denn bei dem Weihnachtsfest handelt es sich ja um die Geburt eines Kindes, der Geburt Christi und um Geschenke.

DER ERFÜLLTE TRAUM
EINES WEIHNACHTSBAUMES

Einige Geschichten habe ich bei den jährlichen Adventsfeiern der Landsmannschaft Schlesien, in Neuss, vorgetragen.

Das Jahr ist schneller verlaufen, als man es wahrnahm und schon ist der dritte Adventssonntag da. Die Adventszeitstimmung und die Vorfreude, welche man in der Kindheit gespeichert hat, wollen einfach noch nicht aufkommen. Die Zeit ist zu hektisch und zu kommerziell geworden. Auch die schönen, deutsch klingenden Weihnachtslieder sind aus den Medien leider fast vollständig verschwunden.

Wenigstens die Natur hat mit seinem weißen Kleid, vorübergehend, etwas zur

Adventsstimmung beigetragen. Heute können wir uns über eine besinnliche, gemütliche Adventsfeier besonders freuen. Denn die deutschen Weihnachtslieder tragen zu schönen Erinnerungen, der Fröhlichkeit und zur Entspannung bei. Dadurch werden sogar die fantasievollen, problemlosen Erinnerungen aus der Kindheit wieder wach.

Auch meine Gedanken kehrten zurück zu dem ersten, erlebten Weihnachtsbaum. Ein Verwandter von diesem Weihnachtsbaum ist mir sogar im Traum erschienen und erzählte mir seine wunderschönen Weihnachtserlebnisse. Diese möchte ich Ihnen vortragen:

*Unbeachtet stand ich im Garten,
wollte auf ein Erlebnis warten.
Der Herbst machte meine Nachbarn ganz kahl,
mein grünes Kleid – galt jetzt als erste Wahl.*

*Menschen, die mich sonst nie beachtet,
haben mich nun prüfend betrachtet.
Ein Kind meinte «der könnte es sein»
und nahm mich mit Wurzeln ins Haus herein.
Endlich erfüllte sich mein Lebenstraum,
in der guten Stube bekam ich viel Raum.
Man schmückte mich mit Kugeln, vielen Kerzen,
war glücklich, freute mich von ganzem Herzen.*

*Nun hat man mich als Weihnachtsbaum geehrt,
ich beschirmte Geschenke von hohem Wert.
Dann kam für mich die allerschönste Zeit,
singend würdigte man mein grünes Kleid.*

Man sang öfters – den Text werd` ich nie vergessen,
denn kein Baum kann sich mit so viel Lob messen.
Das kann ich nicht verschweigen, das muss ich sagen,
das Lied werde ich noch summen – an allen Tagen:

O Tannenbaum, o Tannenbaum,
wie grün sind deine Blätter.
Du grünst nicht nur zur Sommerzeit,
nein auch im Winter, wenn es schneit.
O Tannenbaum, o Tannenbaum,
wie grün sind deine Blätter.

O Tannenbaum, o Tannenbaum,
dein Kleid will mich was lehren:
Die Hoffnung und Beständigkeit
gibt Trost und Kraft zu jeder Zeit,
o Tannenbaum, o Tannenbaum,
dein Kleid will mich was lehren.

Nach Tagen hat man den Schmuck mir abgenommen
bin wieder ganz heil in den Garten gekommen.
Was ich erlebt hab, das wollte keiner glauben,
die Erlebnisse wollten mir alle rauben.

Ein Rotkehlchen ist zu mir gekommen,
hat mich verteidigt, in Schutz genommen.
«Ihr könnt dem Bäumchen wirklich glauben,
ich sah alles mit meinen Knöpfchen-Augen.»

Und so erfüllte sich in Freundschaft ein Traum,
mit Rotkehlchen und dem Ruhm als Weihnachtsbaum.
Sie ahnten: Dass die Träume noch nicht verloren sind,
denn alle Jahre wieder kommt das Christuskind.

JA, ES WEIHNACHTET SEHR!

*Willst du einmal schöne Weihnachten erleben,
so schließe die Augen, lass Gedanken schweben.
Du wirst gleich jünger, kehrst zur Mutter zurück
und sitzt in der Küche, auf ihrem Schoß, zum Glück.*

*Du zeigst auf den Weihnachtskranz – alle Kerzen brennen,
nur die Zeit verläuft nicht schnell, will einfach nicht rennen.
Ein fürchterlicher Gedanke kommt auf, stattdessen,
«Mutti, Mutti, hat mich das Christkind heut vergessen?»*

*Mutter tröstete, doch die Gedanken springen,
Kirchenglocken läuten, man glaubt Engel singen.
Ich schaue durch das Doppelfenster und es schneit,
bei Mutters Zuwendung verlief schneller die Zeit.*

*Ein Glöcklein erklang, kam aus dem Christkindl-Raum,
endlich, endlich erfüllte sich mein Weihnachtstraum.
Das Christkind war da, es hat mich prächtig bedacht
und heut` die Erinnerung als Geschenk gebracht.*

TRAUMREISE NACH SCHLESIEN

Tempus fugit, sagt der Lateiner. Ja das stimmt, die Zeit rennt viel zu schnell und der Kalender zeigt heute den vierten Adventssonntag.

Der Advent – es ist eine Zeit mit Kerzenlichtern, eine besinnliche Zeit, in der man auch die Vergangenheit gerne Revue passieren lässt. Und schon eilt der Gedanke in die schlesische Heimat zurück.

In Erinnerung schwelgend könnte ich berichten,
über Bräuche, Kultur und auch Alltagsgeschichten.
Über das Warten aufs Christkind, der Weihnachtsnacht,
bis sich das erste Sternfunkeln hat erkennbar gemacht.

In so eine stimmungsvolle Adventszeit möchte ich Sie gerne entführen, nach dem Motto:

«Wollen Sie noch einmal schöne Weihnachten erleben,
so schließen Sie bitte die Augen
und lassen Ihre Träume schweben.»

In der Kindheit hat sich in der Weihnachtszeit so eine Vorgehensweise erfüllt, weil man daran fest glaubte.

Also, ich bitte Sie, jetzt Ihre Augen für 5 Sekunden zu schließen. Doch ich warne alle, denn, wer jetzt die Augen nicht schließt, der bleibt alleine zurück.
O, danke, es hat fantastisch geklappt.

Und jetzt befinden wir uns alle im Bus auf dem Weg nach Schlesien. Auch wenn jetzt Schlesien zu Polen gehört, ist Schlesien weiterhin unsere Heimat geblieben. Geblieben sind vor allem die Städte mit Kulturschätzen und unseren Erinnerungen.

Nachdem wir im Bus kräftig gesungen haben, hieß es: «Bitte aussteigen, wir sind in der ersten schlesischen, jedoch geteilten Stadt Görlitz gelandet.»

Es war frostig und wir stampften durch gefrorenen Schnee. Den wunderbar geschmückten Weihnachtsmarkt mit riesengroßen, beleuchteten Weihnachtssternen auf den Tannenbäumen und die Sehenswürdigkeiten der Stadt ließen wir außer Acht.

Wir eilten zum Fluss Neiße in die gotische Peterskirche aus dem Jahre 1423, dem Wahrzeichen von Görlitz. Hier erwartete uns ein Orgelkonzert der 200 Jahre alten Sonnenorgel. Sonnenorgel, weil 18 Sonnenbilder die Vorderfront der Orgel schmücken. Mit dem Lied «Vom Himmel hoch, da komm ich her» und mit einem wunderbaren Orgelklang wurden wir begrüßt.

Anschließend informierte man uns, dass die Orgel 89 Register und 6085 Pfeifen hat. Die wuchtigste hat eine Größe von 7,82 m, daraufhin erklang ein bombastischer tiefer Ton. Die kleinste dagegen nur 10 cm. «Jetzt aber bitte ich um Ruhe und nach einem Zeichen erklingt sie.» Es war absolut still, alle lauschten. Fast keiner von uns Älteren konnte etwas wahrnehmen. Doch plötzlich rief ein älterer Herr aus unserer Gruppe: «Ich habe sie gehört, ich habe sie wahrgenommen.» Der Vortragende entgegnete ihm: «Ich gratuliere Ihnen zu Ihrer Gesundheit, denn so was ist schon ein persönliches Weihnachtsgeschenk.»

Mit der neu gebauten Autobahn kamen wir gut voran und haben nur noch dem Rübezahl in den rechts liegenden Bergen zugewunken und so befanden wir uns recht schnell in Breslau/Wroclaw. Die Dominsel mit den Kirchen und Schätzen aus dem 11.-12. Jahrhundert, die Kaiserbrücke, Jahrhunderthalle, die Universität Leopoldina mit der einmaligen Aula im ganzen Lande haben wir vorerst bei Seite gelassen.

*Breslau, eine Schatzkammer der schlesischen Welt,
mit viel Altertum, Denkmälern, Reichtum und Geld.
Ob Uni, Dominsel, ob Schweidnitzer Keller,
erfreuen Geist, Auge, gefüllt wird auch der Teller.*

Wir begaben uns auf den Rathausplatz.

Ein dumpfes, schweres mehrstimmiges Kirchengeläut hat uns begrüßt. Vor uns erhob sich das gotische Rathaus aus dem Jahre 1241, mit dem «Schweidnitzer Keller». Es gehört zu den schönsten gotischen Gebäuden in Mitteleuropa und ist jetzt auch das älteste Gasthaus-Restaurant in Polen.

Die Kulisse, welche wir hier vorfanden, war überwältigend. Das angestrahlte und geschmückte Rathaus befand sich in der Mitte, umrahmt von Hunderten, jedoch mindestens tausend jungen Studenten und Touristen. Am Rande des riesigen Platzes war ein Kreis von wunderschönen beleuchteten Patrizier-Häusern.

Viele von den ca. 90.000 Studenten der Stadt versuchen durch künstlerische Darbietungen (auch in englischer Sprache) und artistischen Einlagen ihr Taschengeld aufzubessern. Wenn es nicht so kalt wäre, könnte man hier stundenlang zuschauen.

An einer der Rathausmauern stand ein Stroh gedeckter, improvisierter Bethlehem Stall mit einem hell leuchtenden Stern am Dach. Im Stall die Heilige Familie, drei Hirten, 2 lebendige Schafe und ein Esel.

Diese drei Hirten musizierten nicht nur mit Gitarre, Kontrabass und Trompete, sie waren auch nach einem Wechsel des Kopfschmuckes und der Jacken die Heilligen Drei Könige.

Mit einem Fanfarenklang verkündete der Trompeter, dass ein neues Krippenspiel beginnt. Man begann ein Kirchenlied zu spielen. «Anieli spiewają, Betlenta klękają, cuda, cuda, nad cudami» – das heißt: «Die Engel sind am Singen, die Bethlehem Bewohner beten kniend, rühmen die Wunder auf Erden.»

Über hunderte von jungen Menschen und Touristen strömten vor die Krippe und sangen wie «die Fischer Chöre». Es wurden auch mehrere international bekannte Weihnachtslieder gespielt und in mehreren Sprachen gesungen, wie «O Tannenbaum, o Tannenbaum» und «Stille Nacht, heilige Nacht». Neben mir standen Personen, welche japanisch sangen. Alle Zuschauer waren mit beteiligt, nur dem Esel, dem hat das nicht besonders gut gefallen, er wieherte und hat auf seine Art die Darbietung bereichert.

Die Geschichte der Heiligen Familie wurde zwar in polnischer Sprache vorgetragen, doch weil sie bekannt ist, wurde sie von uns allen gut verstanden. Zwischendurch sammelten die drei Könige in ihren Mützen bei den Zuschauern kleine Spenden.

Nach einiger Zeit verspürten wir Hunger und gingen in das Restaurant «Schweidnitzer Keller», mit einem hohen Innengewölbe. Wir betraten die mit rustikalen Tischen ausgestatteten Räume. Es gab eine recht reiche Auswahl auch von verschiedenen internationalen Speisen. Einige von uns haben das typische niederschlesische Weihnachtsgericht «Weißwürste mit Sauerkraut und Mohnkließła» ausgewählt, die Oberschlesier neigten zum «gebratenen Karpfen und

Sauerkraut». Selbst die Pfefferkuchen-Fischsoße wurde geboten. Und für den ostpreußischen Geschmack gab es auch die gebratene Gans. Das Essen war vorzüglich, sehr preisgünstig und der Glühwein hat zur aufgeheiterten Stimmung beigetragen.

Es war eine heimatliche Stimmung und wir sangen: «Alle Jahre wieder». Zu dieser Wortwahl des Liedes kam es meines Erachtens nicht zufällig. Ich glaube es verbarg sich ein echter Herzenswunsch hierher wiederzukommen. Vor allem die Breslauer waren überglücklich über diesen Überraschungsbesuch in ihrer alten Heimat.

Wir waren wieder im Bus und fuhren – nein besser gesagt, wir flogen fast wie im Traum mit vielen Erinnerungen und Eindrücken nach Neuss.

Plötzlich trat auf einmal die Ernüchterung ein und wir sind alle wieder zufrieden aus dem Weihnachtstraum «aufgewacht».
Ich danke Ihnen, dass Sie mitgemacht haben und wünsche Ihnen ein frohes Fest und viel Gesundheit im neuen Jahr.

Nun muss ich selbst überlegen. Habe ich von so einer Reise nur geträumt oder waren es die Erinnerungen, welche mich gedankenmäßig meiner Heimat nähergebracht haben?

Ehrlich gesagt, ich glaube hier stimmt beides!

Denn die weihnachtliche Wärme, die Sehnsucht und die Heimat kann man voneinander kaum trennen.

UNSER STERN –
DER STRAHLENDE DIAMANT

Der nächtliche Blick in den Himmel erweckt den Eindruck, dass die Sahara Wüste ihre unzähligen Sandkörnchen in strahlende Diamanten verwandelt hat und diese mit den Sonnenwinden ins All geweht hat. Diese Darstellung klingt wie ein Wahnsinn, eine sachliche Erklärung ist noch verrückter und sprengt alle unsere Vorstellungen.

Daher betrachten wir lieber ganz entspannt die Sterne, das beflügelt unsere Phantasie und Träume der Weihnachtszeit. Die Sterne haben für uns eine magische Bedeutung, sie symbolisieren unendliche Geheimnisse und sind für uns nur auf dem romantischen Gebiet gut erreichbar, z.B. für Horoskope oder geheime Sternschnuppen-Wünsche.

Schon in der Antike dienten die Sterne als Schutz und Begleitung, als Wegweiser in der Seefahrt (Winkelmessungen) und auch als Schutzsymbol gegen Dämonen und Feuer.

Wir Menschen lieben unseren Sonnen-Stern. Dieser Stern gibt uns mit seiner Helligkeit die Wärme, das Wasser, die lebenserhaltende verschwenderische, ernährungsspendende Natur und unser Leben.

Dieses kosmische Symbol hat auch die Heiligen Drei Könige zur Krippe des Jesuskinds geführt. So avancierte dieses Sternsymbol zum Weihnachtsstern, welcher in der kalten und dunklen Weihnachtszeit mehr Licht, Helligkeit, Freude und Wärme spendet.

Auch meine Psyche wurde von der Magie des Weihnachtssterns verzaubert, daher habe ich sie im Buch mehrfach dargestellt.

DIE SORGEN DER TIERE ÜBER DAS VERHALTEN DER MENSCHEN

Auf einer großen Wiese, bis zu einem entfernten Bach, weideten einige Tiere. Auf der anderen Seite erstreckte sich ein ausgedehntes Waldgebiet. Nur ein einziger Eichenbaum, mit einer teilweise vertrockneten Krone, stand am Rande dieser Wiese.

Dieser Baum erfreute sich als ausgezeichneter Aussichtspunkt für einige Vogelarten. Er diente dem Specht nicht nur als Behausung oder Futterquelle, sondern auch als eine ausgezeichnete Informationssendestelle für andere Tiere.

Aus dem Versorgungsverhalten der Menschen und der Tageskürze konnte man resultieren, dass das Weihnachtsfest der Menschen kurz bevorsteht.

Seine Morse Informationen mit: Ti di tat tat tat und ähnlichen Zeichen hat man sogar in der weiten Ferne wahrgenommen. Er rief alle in dieser Gegend lebenden Tiere zu einer vorweihnachtlichen Info- Versammlung auf.

Er meinte: «Viele von uns Tieren klagten, dass die Menschen sich sehr in ihrem Verhalten veränderten und sich rar gemacht haben. Sie haben sogar ihr Gesicht teilweise versteckt. Dadurch gibt es in der Gegend keine verstreuten

Futterreste mehr als Nahrung für uns. Außerdem wollten wir Tiere in Diskussionen herausfinden, ob wir für diese Ursache die Schuld tragen oder es mit der Weihnachtszeit zu tun hat.»

Als erster meldete sich sofort der Ochse von der Wiese: «Das hat nichts mit Weihnahten zu tun! Mein Vorfahre war bei der Geburt vom Christkind in Betlehem dabei. Er hat alles gesehen und berichtet und war sogar sehr hilfreich.»

«Was hast du gesagt, hilfreich?», rief das Schaf, «von wegen, dein Ochsen-Vorfahre stand doch nur blöd da.» «Das stimmt nicht, er gab allen eine Sicherheit und durch seine Masse hat er den Raum warmgehalten.»

«Und was haben deine Vorfahren geleistet?», fragte der Ochse das Schaf. «Mein Vorfahre stellte dem neugeborenen Christkind sogar seine Futterkrippe als Bett zur Verfügung», antwortete das Schaf.

Das war für den Esel zu viel. «Ihr streitet euch über die Verdienste eurer Ahnen, aber hätte es nicht meinen Ur-ur-ur-Großvater gegeben, wäre die schwangere Maria gar nicht bis Betlehem gekommen. Mein Vorfahre hat Maria die ganze Strecke sicher transportiert und das Wissen sogar die Menschen.»

Auch die Krähe meldete sich mit ihrem Kommentar. «Ich war gerade zum Mittagsessen im Zoo. Was mich aber auch dort überraschte, war, dass sogar hier die Stimmung ziemlich getrübt war. Alle Erdmännchen standen auf ihren Hinterfüßen und warteten auf menschliche Besucher. Ihnen ist es sehr langweilig, ihnen fehlt die Abwechslung.»

Als Letzter meldete sich der Fuchs und meinte: «Es ist doch sehr erfreulich, dass von uns Tieren in Bethlehem so ein hoher Beitrag für das Weihnachtsfest geleistet wurde. Aber zum Abschluss habe ich noch eine kleine Überraschung. Ein spazierender Mensch hat vor meiner Höhlenwohnung sein Smartphone verloren, das habe ich mir sehr schnell geschnappt.»

Er legte das Smartphone auf den Boden, tippte mit seiner Pfote darauf und es erklang eine schöne abschließende Weihnachtsmelodie.

DER KNACKI UND DER ADVENTSKALENDER

«Was, wieder ein Adventskalender?»
«Ja, aber in diesem Fall einen, den wir gemeinsam mit dem erfahrenen Nussknacker Knacki gebastelt haben.»

Es soll aber in keinem Fall ein üblicher Kalender mit Süßigkeiten oder Bildern sein, sondern mit aufgebrochenen Nüssen, den man das Innenleben entfernte und mit neuen Lebensweisheiten gefüllt hat und an einen dekorativen Ast aufhängt.

Denn diese Lebensweisheiten vermitteln auf kleinen Zetteln Erkenntnisse, Erfahrungen, die uns zum Nachdenken anregen und uns manchmal sogar neue Sichtweisen vermitteln können. Gerade in der jetzigen Zeit, in der die Welt um uns herum verrückt spielt, ist es wichtiger, dass das Glück, die Zufriedenheit, der Frieden und die Dankbarkeit wieder ein warmes Nest finden.

Verschlossene Adventskalender mit Süßigkeiten, anderen Zutaten gibt es wie Sand am Meer, auch mit schönen Sprüchen. Doch was wäre eine Adventszeit ohne Adventskalender und Kerzen? Sie verkürzen der Familie und vor allem den Kindern die lange Wartezeit. Mit jedem Zentimeter der abgebrannten Kerze und dem geöffneten Fensterchen des Kalenders ließ sich die Zeit sichtbar verkürzen.

Durch die zunehmende Popularität der Adventskalender hat sich auch der religiöse Charakter des Weihnachtsfestes verändert und sich stärker in die Richtung von Bescherungen bewegt.

Die Weihnachtszeit kündigt sich in der Adventszeit durch viele Symbole an. Durch Gestecke, Adventskränze, durch Kerzen, die warmes Licht ausstrahlen, durch vertraute behagliche Düfte oder durch Melodien schöner Weihnachtslieder. Man muss nicht auf den Kalender gucken, denn wenn die Wohnung mit dem Duft von Kardamom, Zimt, Anis, Vanille durchflutet wird, weiß man, dass die Adventszeit begonnen hat.

Es ist auch egal, welche Generation man betrachtet, das Abzählen der Tage bis zum Weihnachtsfest erforderte immer sehr viel Beherrschung, Geduld und Übung in Disziplin. Man kann auch so ein Warten nutzen für neue Gedanken, Träume, Sehnsucht und viel Vorfreude. Denn die Vorfreude ist die schönste Freude und wird manchmal durch kleine Wunder in der Weihnachtszeit gekrönt.

Wir brauchen für jeden Adventstag eine gespaltene Nuss und ein Körbchen, welches mit je zwei Walnusshälften schon gefüllt ist. In einem Briefumschlag befanden sich nummeriert für jeden Tag ein Kärtchen mit einem Gedicht. Wir mussten nur darauf achten, dass die Gedichte mit den Tagen und den Themen nicht verwechselt wurden. Auch die Nummern für die Adventstage haben wir auf die Nüsse draufgeklebt. Beim Zusammenkleben der Nüsse hatte mein Knacki-Männchen Probleme. Seine Barthaare kamen immer dazwischen, sonst ist alles perfekt verlaufen und beim Färben der Nüsse hat sich seine Kleidung um paar zusätzliche Flecken bereichert. Anschließend haben wir die fertigen Nüsse wieder in das kleine Körbchen deponiert, aus dem sie für jeden Adventstag entnommen werden konnten.

ADVENTSKALENDER MIT 24 LEBENSWEISHEITEN

01
Unbezahlbare Werte
Das Wertvollste und Schönste auf dieser Welt
sind Liebe, Zufriedenheit, ausreichend Geld
und von der Gesundheit noch ein großes Stück,
das perfektioniert stets unser irdisches Lebensglück.

02
Optimistischer Lockruf
O, du Optimismus, ich warte, komm schnell vorbei.
Für dich habe ich Quartier, ein warmes Plätzchen frei.
Gerne möchte ich dir ein guter Gastgeber sein,
bring mir viel Glück, Zufriedenheit und Sonnenschein.

03
Brücken bauen
Suche immer verbindende Brücken im Leben,
mit Verständnis lässt sich oft banales vergeben.
Sachen, die früher mal wichtig, wirken jetzt banal.
Geh dem Streit aus dem Wege, Frieden ist bessere Wahl.

04
Ratschläge
Es gibt Menschen, die oft für andre denken,
ihre Meinungen bleiben keinem erspart.
Mit Ansichten müssen sie alle lenken,
ihre Ratschläge sind immer «äußerst zart».

05
Das psychische Glück
Schenke der Psyche dein ganzes Herz,
sie sucht dein Glück, mindert den Schmerz.
Über ein Anklopfen wird sich nicht beklagen.
«Komm herein», wird sie zum Glück schnell sagen.

06
Wenn das «i» im Leben verlorengeht!
Durch Glück und L(i)ebe wurden wir geboren.
Hoffentlich geht uns das «i» nicht verloren.
Dann wäre das Leben, ein einsamer Tanz,
man lebte zwar, doch ohne jeglichen Glanz.

07
Carpe diem
Man sollte sich auch mal etwas Gutes gönnen.
Selbst Kleinigkeiten bereiten Freude und Spaß.
Nichts verschieben, weil wir es noch später können,
das ist Utopie – das zerschlägt sich wie ein Glas.

08
Gastfreundlichkeit
Unser Leben ist keine Einbahnstraße,
eine Gegenfahrbahn ist immer dabei.
Beim Nehmen und Geben achte auf Maße,
sonst bist nicht mehr gefragt und hast immer frei.

09
Wertvolle Antiquitäten
«Ein Rentner – der ist doch heute antik,
gehört angeblich schon zum alten Eisen.»
Doch Altertum ist wertvoll, ziert den Blick,
wird sehr hoch geschätzt in Kennerkreisen.

10
Verliebtheit
Die Flitterwochen – Spiegelglanz auf voller Seite,
haben den Sonnenschein nur auf begrenzter Breite.
Schnell ist Alltag – mit allen seinen großen Pflichten,
Gemeinsamkeit pflegen – heißt verzeihen und schlichten.

11
Die Fortuna-Gunst
Die Fortuna ist wie eine sehr launische Frau,
hold ist einem, wenn umworben wird durch Taten.
Denn die Initiativen registriert sie genau,
bei Lethargie dagegen, kann man nichts erwarten.

12
Eigene Ansichten
Eigene Auffassungen sollte man behalten,
fremde Ansichten prüfen – wenn gut – sie verwalten.
Doch mit Geschwätz dürfen sich andere blamieren,
kritisieren? Lieber lächeln und ignorieren.

13
Freude am Leben

Jeder neue Tag kann wunderschön sein.
Es liegt an jedem Menschen ganz allein.
Selbst mit spontanem, herzhaftem Lachen
kann man einen guten Beitrag schaffen.

14
Die Zufriedenheit

Es gibt ein Wort, es führt durchs Leben,
es gibt uns Halt, bietet stets Geleit.
Durchs Handeln wollen wir es anstreben,
es heißt einfach schlicht – Zufriedenheit.

15
Vergängliche Werte

Zufriedenheit, Humor, Hoffnung und Liebe,
wenn dieser Wortschatz treu bei einem bliebe,
dann könnte man über den Wolken schweben,
sorgenfrei und glücklich, sehr lange leben.

16
Ein Geburtstagswunsch

Sehr viel Gesundheit und nur gute Gaben,
das wünschen wir Dir, die sollst Du haben
und dazu ausreichend das nötige Geld,
viel Glück und noch schöne Reisen in der Welt.

17
Das Leben genießen
Lieber verrückt das Leben genießen als normal langweilen.
Genieße die Freude, hier, jetzt, ohne sich zu beeilen.
Selbst ein Regenbogen benötigt Sonne und den Regen,
kann aber mit Farbigkeit das Gehirn und Herz bewegen.

18
Zufriedener Optimist
Als Optimist hast du es leichter im Leben,
du kannst Hindernisse besser beheben.
Hüte die Schätze: Gesundheit, Zufriedenheit,
dann ist auch dein wahres Glück gar nicht mehr so weit.

19
Versäumtes Lachen
Hat man am Tag nicht einmal ganz herzlich gelacht,
dann hat man sich selbst um einen Tag gebracht.
Die verborgene Zukunft kann man nicht sehen,
für Vergängliches wird kein Hahn mehr krähen.

20
Die Rentner-Hobby-Vorsorge
Rentner werden oder ein Rentner schon sein,
es ist im Vergleich wie die Rebe zum Wein.
Denn soll der Weinstock gute Früchte tragen,
darf man die Frühbestellung nicht vertagen.

21
Problembekämpfung
Lache unbekümmert am besten in einem Stück,
das bringt stets Ausgleich, Zufriedenheit, hält frisch das Glück.
Man löst Probleme, bricht nichts spontan übers Knie
und achtet auf Ausgleich und sucht die Harmonie

22
Leere Versprechungen
Manchmal sind tausend Worte weniger Wert im Leben,
weil sie meistens inhaltslos, leere Hülsen ergeben.
Selbst diese bleiben meistens aus, dann hilft kein warten.
Maßgebend dagegen sind, schnelles Handeln und Taten.

23
Lieber eine Nachgiebigkeit
Nicht in allen Lebenslagen
kann man alles gut ertragen.
Es ist manchmal gar nicht so schlecht,
man gibt nach und verschenkt sein Recht.

24
Alltagswunder
Wunder geschehen fast täglich,
auch wenn diese meistens sehr klein.
Sei empfänglich und beweglich,
so werden sie oft bei Dir sein.

DER HEILIGE ABEND – STERNE GUCKEN

Um die Adventszeit und den Heiligen Abend besser schildern zu können, denke ich an die Zeit, als ich ca. 5 Jahre alt war.

Der Weihnachtswunschzettel wurde schon lange zuvor in den Zwischenraum eines Fensters gesteckt. Auch das große Wohnzimmer war seit einigen Tagen verschlossen. Das Gucken durch das Schlüsselloch erbrachte nichts, denn von dort konnte man nichts sehen. Also blieb mir nichts anderes übrig, als geduldig zu warten. Die Erwachsenen hatten gut reden und sie wollten einfach nicht begreifen, dass in diesem Alter Geduld zu den Fremdwörtern gehörte.

Draußen lag hoher Schnee. Die Doppelfenster hat der Frost mit wunderbaren Eisblumen verziert. Wir Kinder rodelten an kleinen Böschungen herunter oder kaschelten auf festgefrorenem Eis. Abgekämpft kamen wir bei Dunkelheit und erfroren in die warme Wohnung. Auf dem von der Decke hängenden Adventskranz brannten inzwischen alle vier Kerzen.

**UNFREUNDLICH, NASS UND FROSTIG IST SCHON DIESE ZEIT,
MAN SEHNT SICH NACH DER WÄRME UND GEMÜTLICHKEIT.
NACH GROG, PUNSCH, GEBÄCK, DEM LECKEREN KARPFENFISCH,
KERZENATMOSPHÄRE, AM FAMILIÄREN TISCH.**

Endlich war der Heilige Abend da. Ich war gewaschen, gekämmt, gebügelt und voller Sorgen. «Hat das Christkind auch die Geschenke bekommen und mir gebracht?» Meine Mutter rief den Vater und meinte: «Nimm deinen Sohn und geh spazieren und kommt nicht eher zurück, bevor ihr die ersten Sterne gesehen habt.» Der Himmel war klar, es war recht kalt und wir spazierten durch den tiefen Schnee.

Mein Vater erzählte mir die Geschichte von Maria und Josef und Christi Geburt. Jedoch ich war so aufgeregt, dass ich nichts wahrgenommen habe. Denn ich beschäftigte mich mit wichtigeren Gedanken. «Hat das Christkind für mich alle Geschenke gefunden? Hoffentlich vergisst es nicht einige!»

Dabei suchte ich die ganze Zeit Sterne am Himmel. «Papa, Papa, da hinten über dem Berg, da leuchtet ein Stern», rief ich aufgeregt. Mein Vater meinte ganz ruhig, unbeeindruckt, «das Leuchten ist bestimmt nur eine Lichtspiegelung.» Nun suchte ich ganz emsig nach weiteren Sternen.

«O Papa, guck doch Mal, da ist noch ein weiterer und da auch noch einer. Bitte, bitte, setze doch deine Brille auf, du wirst sie dann auch sehen!» Vater, überdrüssig meiner langen Quengeleien, meinte: «Schau doch mal, wie viel Schnee überall liegt. Die Straße ist richtig zugeweht. Das Christkind hat heute bestimmt Verkehrsprobleme, es kann sich dadurch verspäten. Willst du es etwa stören oder womöglich verscheuchen und es kann dann nicht einmal deine Geschenke zurücklassen?»

Das überzeugte mich ein wenig und wir gingen langsamer nach Hause zurück. Wir öffneten die Haustür und im Schummerlicht der Kerzen des hängenden Adventskranzes kam es mir vor, als ob mein wahrhaftiger Schutzengel schnell vor uns vorbei huschte und im Zimmer, in dem schon das Christkind war, verschwand. Ich stand regungslos im Korridor und war überglücklich, denn jetzt wusste ich, das Christkind war da. Vor der Bescherung mussten wir noch essen, obwohl ich vor Aufregung gar keinen Hunger hatte. Meine Mutter meinte: «Erst essen wir, dann hast du für die Geschenke viel mehr Zeit.»

Am Heiligen Abend war es alte Tradition, dass es gebratenen Karpfen mit gedünstetem Sauerkraut, Kartoffeln und mit Bröseln versetzter brauner Butter gab. Ich aß den Karpfen sehr gerne. Wir alle waren festlich gekleidet, die Eltern tranken Wein, die Brüder und ich Saft, es wurde gebetet und ich habe sehr schnell gegessen.

Trotz meiner Ungeduld empfand ich die Situation irgendwie sehr feierlich. So, als ob irgendwo im Zimmer ein unsichtbarer Engel schwebte und im Wohnzimmer war ja schon das Christkind. Endlich waren alle fertig.

Meine Mutter verließ unter einem Vorwand den Raum und auf einmal klingelte es. Ich konnte schwören, dass das Klingeln aus dem Wohnzimmer kam. In meiner Aufregung hatte ich nicht bedacht, dass das Wohnzimmer noch eine zweite Tür in den anderen Raum hatte, durch die meine Mutter unbemerkt wieder herauskommen konnte.

Vater schloss die Tür auf und vor meinen Augen stand ein bis zur Decke hoher Tannenbaum im vollen Lichterglanz der brennenden Wachskerzen, geschmückt mit Kugeln und Lametta. Ich stand schweigend da und bewunderte mit leuchtenden Augen diesen schönen Weihnachtsbaum. Vor Aufregung konnte ich kein Wort sagen. Unter dem Baum lag eine ganze Reihe von Geschenken – »Hoffentlich hat das Christkind nichts vergessen?« Ich rief nur: «Welche Geschenke sind für mich?», und wollte mich gleich darauf stürzen. «Moment, Moment», sagte Mutter. «Erst wird noch gesungen.» Meine Mutter begann zu singen und wir anderen fielen mit ein: «Stille Nacht, heilige Nacht», dann folgte noch: «O Tannenbaum.»

Endlich konnte ich mich auf den Boden stürzen und die ersehnten Geschenke auspacken. Meine beiden, um einige Jahre älteren zwei Brüder, erlebten durch mich, die Illusion des Christkind-Glaubens noch einmal mit. Als Erwachsener mag man heute darüber schmunzeln, jedoch das steht fest, dass dies eine wundervolle Erinnerung ist. Eine Erinnerung, welche man fürs ganze Leben behält.

Ohne einen gebratenen Karpfen mit Sauerkraut kann ich mir selbst heute, den Heiligen Abend nicht vorstellen.

Zu lang war das Warten aufs Christkind, der Weihnachtsnacht,
bis sich das erste Sternfunkeln hat erkennbar gemacht.
Nie wieder schmeckte so ein Karpfen mit Sauerkraut,
ein gut gefüllter Mohnstriezel mit Zuckergusshaut.
Ein Füllhorn von Erinnerungen der Kinderzeit
kehrte zurück in die Küche, der Vorweihnachtszeit.

SPUREN IM SCHNEE

**SCHÖN WAR STETS DIE WEIHNACHTSZEIT,
DIE GEGEND WAR SEHR OFT VERSCHNEIT.
DOCH DIESER ZAUBER KEHRT JETZT SELTEN ZURÜCK,
AUCH SCHNEEFREI GENIESST MAN DAS WEIHNACHTSGLÜCK.**

Die Gedanken habe ich von Unbekannt übernommen und verändert.

In der ersten Adventsnacht habe ich einen wunderbaren Traum gehabt, denn mein Schutzengel hat mich persönlich besucht. Er stand plötzlich an meinem Bett und sprach mich mit ruhigen Worten an: «Richard, Richard, stehe bitte auf, ich möchte mit dir einen Spaziergang im Schnee machen. Zieh dich aber bitte warm an.»

Diese Erscheinung und die gesprochenen Worte haben mich unwahrscheinlich verunsichert und überrascht. «Darf ich mich vorstellen, ich bin dein per-

sönlicher Schutzengel, wir sind uns schon paar Mal flüchtig begegnet.» Mein Schutzengel sprach mit wohlklingender Stimme und fügte hinzu: «Dein ganzes Leben lang habe ich dich ständig unsichtbar beschützt, betreut und begleitet.» Ich war derart verdutzt, dass ich fast wortlos, stotternd, hinzufügte, ich bin ü-ber-rascht, ich fr-eu-e mich. Daraufhin lachte mein Schutzengel schallend. «Diese Art von Verhalten ist mir bei dir noch unbekannt, du bist doch sonst nie so verlegen.» Er sprach weiter: «Du hast mir deine Betreuung nicht immer leicht gemacht und auch manchmal Sorgen bereitet, jedoch die fröhlichen Seiten hatten bei dir immer den Vorrang. Zieh dich aber bitte warm an.»

Wir spazierten gut vermummt auf der breiten Wiese vor unserem Haus. Der Himmel war klar und der Mond sorgte für eine gute Helligkeit. Jeder Schritt von uns hinterließ sichtbare Spuren von Fußabdrücken im Schnee zurück. Mein Engel drehte sich um, zeigte mit der Hand auf die verschneite Wiese und sagte: «Siehst du unsere Spuren im Schnee? Anhand dieser Schneespuren kann ich dir meine Beschützeraufgabe sinnbildlich darstellen.» Ich wollte meinem Engel eine Frage stellen, jedoch dieser schnippte mit den Fingern und vor uns erschienen plötzlich weitere zahlreiche Fußspuren im Schnee. Hierzu meinte er: «Ich habe einige Problemjahre aus deinem Leben herausgepickt.»

Ich schwieg, was für mich nicht leicht war und schaute auf die lang gezogenen Fußspuren im Schnee. «Oh», meinte ich. «Da gibt es ja Abschnitte, in denen die zweite Spur einfach verschwunden ist.» Das hat mich unwahrscheinlich beunruhigt und ich stellte gleich viele Fragen: «Sagtest du nicht, dass du in allen Lebenslagen immer bei mir warst? Hast du mich etwa in den schweren Lebensabschnitten alleine gelassen?» Mein Engel fing herzhaft an zu lachen.

«Ach lieber Richard, du bist wahrhaftig ein ungläubiger Thomas, wo bleibt denn dein Vertrauen? Dein Optimismus? Du bist doch sonst nicht so oberflächlich. Siehst du nicht, dass die eine Spur wesentlich tiefer im Schnee eingedrückt ist? Gerade in deinen schwersten Lebensstunden habe ich mich um dich aufopfernd gekümmert denn dann habe ich dich auf meinen Händen getragen.»

Mein heutiger Kommentar dazu:
Ich habe immer daran geglaubt und öfters über meinen Schutzengel geträumt. War er wirklich bei mir da?

Ja, hundertprozentig, denn ich habe neben meinem Bett morgens eine längere Feder gefunden.

FÜR EIN GEBURTSTAGSKIND IN DER WEIHNACHTSZEIT

Einige «Winterblumen» möchte ich hier gerne überreichen, denn wer in der Weihnachtszeit Geburtstag hat, dem geht meistens eine Aufmerksamkeit verloren.

LIEBES GEBURTSTAGSKIND!

*Liebes Geburtstagskind (2 Silben), liebe Gäste,
erfreulich der Anlass – dem heutigen Feste.
Dankend wurde die Einladung angenommen
und alle sind gerne zu Dir heut` gekommen.
Die Zeit verlief schnell, kaum zu glauben, jedoch wahr,
ist es denn möglich? Bist Du wirklich schon 70 Jahr?*

*Viele Meilensteine gab`s in deinem Leben,
Sonnenschein, aber auch Wolken hat`s gegeben.
Du denkst nach – ein Vergangenheitsfilm läuft vorbei,
bringt Verborgenes zum Vorschein – so allerlei.
Mit Stolz denkst Du jetzt an die Vergangenheit zurück,
siehst so manches Dir gut vertraute Lebensstück.*

*Doch als Rentner geht man auf ruhigen Gleisen,
geformt durch das Leben gehörst zu den Weisen.
Nimm alles nicht mehr so ernst, was falsch oder richtig,
vieles wird banal und gar nicht mehr so wichtig.
Der Stress ist fern, hast mehr Zeit, kannst herzlich lachen
und Du kannst sogar vieles Sinnloses machen.*

*Du hast im Leben schon sehr vieles überwunden,
genieße Deinen Geburtstag und Weihnachtsstunden.
Manche Wünsche, erfüllten sich schon, doch das ist klar,
beim Christkind werden sogar Träume und Wunder wahr.
Wir wünschen Dir nette Überraschungen, viel Glück
und von der Gesundheit noch ein riesengroßes Stück.*

EIN WEIHNACHTSWUNDER

Das Christkind hat die Kirchenglocken gerettet.
(Zugleich ein kleiner Dank posthum an meinen Vater)

Auch der Glockenklang gehört zum festen Bestand der Sehnsüchte in der Weihnachtszeit.

Die Existenz der katholischen Kirche in Gnadenfeld, Kreis Cosel, wird zum ersten Mal in einem Dokument aus dem Jahr 1376 erwähnt. Aus alten Unterlagen geht hervor, dass die Kirche sogar im Jahr 1222 entstanden ist, weil sie auf die Namen der Hl. Apostel Andreas und Jakobus geweiht worden ist. Alle Kirchen, die diese Apostelnamen tragen, haben einen sehr alten Ursprung.

Der Kirchturm der Kirche war ausgestattet mit vier sehr alten Glocken. Die älteste Glocke ist dem Erlöser geweiht und stammt aus dem Jahre 1490. Sie hat einen Durchmesser von 85 cm, eine Höhe mit Krone von 80 cm, eine Wandstärke von 8 cm und eine Tiefe von 61 cm. Der Glockenton ist ais.

Die zweitälteste und allergrößte Glocke wurde im Jahr 1497 gegossen und hat folgende Maße: Durchmesser 101 cm, Höhe mit Krone 85,5 cm, Wandstärke 9 cm und die Tiefe 65 cm. Ihr Ton ist Gis.

Die dritte Glocke wurde 1679 erwähnt, jedoch bedingt durch einen Riss wurde sie wieder eingeschmolzen und 1784 durch die Lubowitzer Glockengießer bei Ratibor wieder zu einem neuen Leben erweckt. Ihr Durchmesser beträgt 60,5 cm, die Höhe 56 cm, die Dicke 4,5 cm und die Tiefe 46 cm. Sie wurde mit dem Ton A versehen.

Die vierte Glocke, die kleinste, stammt aus dem Jahre 1848. Diese musste sogar zweimal neu gegossen werden. Sie hat nur einen Durchmesser von 38,2 cm, eine Höhe von 33 cm, eine Wandstärke von 3 cm und eine Tiefe von 26 cm. Sie tönt im oberen C.

Im II. Weltkrieg kam am 15.03.1940 die behördliche Anordnung, die Kirchenglocken zum Einschmelzen für Kriegszwecke auszuliefern. Um die wertvollen, historischen Glocken mit künstlerischem Wert nicht zu zerstören, wurde von den Behörden eine Klassifizierung von 4 Gruppen erstellt, in dem man sie in die Gruppen A, B, C und D einteilte.

Danach kamen nur die beiden älteren Glocken in die geschützte Gruppe D. Jedoch die beiden umgegossenen Glocken hätten ausgeliefert werden müssen. Die letzte kleine Glocke war auch nicht im Verzeichnis der schlesischen Kunstdenkmäler erfasst. Um die Glocken zu erhalten, bedienten sich mein Vater und Pfarrer Bocionek eines Tricks, indem sie im Formular einfach das Jahr des Erstgusses vermerkten und wiesen auf das Kunstdenkmalverzeichnis hin. Weil niemand dort nachschaute, hatten sie mit dieser Manipulation Erfolg.

Jedoch am 29.01.1942 wurde die Klassifizierung verschärft und die zwei jüngeren Glocken sollten nun trotzdem ausgeliefert werden. Die Firma Cappelaro aus Groß-Neukirch wurde mit der Demontage der Glocken beauftragt. Doch dazu kam es Gott sei Dank auch nicht.

Mein Vater traf mit der Groß-Neukirchener Firma eine streng gehütete Vereinbarung, in dem er sich verpflichtete, das Glockengewicht kurzfristig in Form von Buntmetallschrott anzuliefern. Das benötigte Ersatzgewicht sammelte er in dem eigenen Mühlenbetrieb, in den Betrieben seiner Brüder und in den Mühlenwerken der Gebrüder Jauernik in Leobschütz. Über diese Aktion ist vor 1945 kein einziges Wort, nicht einmal in der eigenen Familie bekannt geworden. Mein Vater hätte bei einem Bekanntwerden dieser Aktion tatsächlich mit seinem Leben gespielt.

Den rätselhaften Erhalt dieser vier alten Glocken hat man im Ort als ein Christkind-Wunder betrachtet.
Noch heute erklingt täglich der wunderschöne Klang der vier alten Glockengeschwister. Auch ich bin glücklich, dass es dieses «Christkind» gab und mir noch länger erhalten blieb.

**AN DIE HEIMATGLOCKEN DENKE ICH GERNE ZURÜCK,
SIE BEREICHERN DIE ERINNERUNGEN UND DAS GLÜCK.**

EINE INTERESSANTE GLOCKENINTERPRETATION

Einige Zeilen aus dem russischen Text des «Abend-Glocken-Liedes» habe ich übersetzt

Der Glockenklang, der Abendklang,
bringt die Sehnsucht und spendet Dank.
Hier lebte ich, die Wiege stand,
es hieß Zuhaus, war Heimatland.
Und wenn ich auch wo anders bin,
hör deinen Klang, vertraut im Sinn.

Mit Abendklang, dem Glockenklang,
erfreust du uns, dir zollt der Dank.
In jungen Jahren warst Vaterland
und ich die Erfahrungen fand.
Der Heimatklang, fest eingeprägt,
hat oft sogar das Herz bewegt.

Die Würfel fielen – der Trennungszeit,
doch tief im Sinn sind wir zu zweit.

Vergesse nie deine Heimat,
dort wo deine Wiege stand.
Nie findest du in der Ferne
ein gleiches, zweites Heimatland.

DER STIBITZTE EHERING

Meine Mutter ging ins Kolonialwarengeschäft um einige Lebensmittel zu kaufen. Bei dieser Nachricht stand ich sofort neben ihr, denn ich wollte ja nichts versäumen. So eine Gelegenheit ließ ich mir nicht entgehen, denn einige Süßigkeiten konnte man immer dabei erbeuten.

Wir waren im Laden und die erste Tüte mit Mohn wurde schon abgewogen. Da öffnete sich die Tür und Frau Mayer und ihre kleine Tochter Anna traten ins Geschäft ein. Frau Mayer war im Ort gut bekannt, denn sie galt als «das sprechende Tageblatt des Ortes.»

Anna und ich waren spielend laut beschäftigt, um uns zu beruhigen, bekamen wir von meiner Mutter paar Bonbons.

Wie zu erwarten, begann Frau Mayer meiner Mutter sofort zu berichten über die Katastrophen, die sich bei ihr ereignet haben.

«Stellen Sie sich vor, was mir noch vor Weihnachten alles passiert ist! Ein Vogel hat mein Schlafzimmerfenster im ersten Stockwerk mit einigen Hinterlassenschaften dekoriert. Ich beschloss sofort die Scheiben zu reinigen. Öffnete das Fenster und nahm aber zuvor meinen Ehering vom Finger und legte ihn auf das Fensterbrett. Ich ging nach unten, um Reinigungsmittel und Wasser zu holen. Aber als ich wieder zurückkam, war der Ehering nicht mehr da. Ich suchte ihn im Zimmer und draußen unter dem Fenster. Er war einfach spurlos verschwunden, nicht mehr auffindbar. Bei einem anderen Ring wäre es nicht so schlimm gewesen. Diese Katastrophe war für mich viel schlimmer, da wir im Januar unseren Hochzeitstag feiern wollten und ich ohne Ehering.

Es war doch keiner im Haus gewesen, ich begann schon an Geister zu glauben oder dass ich schon plemplem bin!»

Meine Mutter unterbrach diesen Monolog: «Aber Sie haben doch einen Ehering», bemerkte sie.

«Ja, das stimmt, dazu komme ich noch, denn das Problem hat sich bei uns noch fortgesetzt und gesteigert, denn danach kam ja noch der wahnsinnige Sturm vor Weihnachten und der hat uns den hohen Tannenbaum in unserem Garten gefällt. Dabei hatten wir noch viel Glück, dass er nicht aufs Haus gekippt ist.»

Meine Mutter meinte: «Da haben Sie wenigstens viel Tannengrün zum Dekorieren gehabt.» «Von wegen», meinte sie. «Wir hatten schon alles fertig und mein Mann hat alles recht schnell entsorgt.

Dann kam endlich der Heilige Abend und mit ihm die fröhliche Überraschung.

Meine Tochter Anna überreichte mir eine kleine Schatulle, ich öffnete sie und was erschien? Ein Ehering, kein neu gekaufter, nein, es war mein alter echter Ehering. Ich war vor Freude überwältigt. Das alles konnte ich mir nicht erklären!

Und nun erklärte mir mein Mann, dass der Sturz unserer hohen Tanne keine Katastrophe war, sondern ein vorweihnachtliches Wunder bewirkte. Denn in der Tannenkrone befand sich ein großes Elsternnest und in diesem Nest befand sich mein verschwundener Ehering. Der Hausgeist, der meinen Ring stibitzt hatte, hieß Elster.»

Zum Abschluss dieses Monologes meinte sie: «Das war mein schönstes Weihnachtsfest seit Jahren.»

EINE SCHNEEFLOCKEN-REKLAMATION

Dass es bei uns im Winter schon seit Jahren nur wenig geschneit hat, war auch bei den Engeln bekannt. Der Bezirks-Engel Michael trommelte seine Hilfsengel zu einem Treffen auf der «Großen Schneeflocken-Wolke» zusammen. Und meinte:

«Die Kinder auf der Erde haben in einigen Weihnachtswunschbriefen das Fehlen von Schnee reklamiert. Das stimmt! Wie ihr seht, selbst auf unserer großen Wolke sind die Schneereserven total zusammengeschrumpft. Dagegen müssen wir was tun, aber was?» «Lieber Engel Heinrich, du hast doch immer sehr gute Einfälle, was schlägst du vor?»

«Ich glaube, man könnte einige neue Schneeflocken mit größerer Haltbarkeit herstellen, in dem man zu den sechsarmigen Flocken zwei Arme dazu bastelt.»

«Und was hätte das für einen Vorteil?», fragte Engel Michael. «Es ist ja bekannt, dass durch die Klimaerwärmung unsere jetzigen Flocken zu schnell wegtauen. Die neuen Flocken wären dann resistenter und könnten mehr Wärme vertragen und auch der Klebeeffekt für einen Schneemannbau wäre günstiger.»

«Lieber Heinrich, nehme deine Engelgruppe zusammen und ihr bastelt einen kleinen Flockenvorrat zusammen. Ihr könnt dann aus der oberen Himmelsabteilung einen kleinen Stern ausleihen, um auf ihm die Flockenqualität auszuprobieren.»

Und so hatten die Engel in der Weihnachtszeit noch viel Zusätzliches zu tun. Vielleicht bekommen wir davon etwas geliefert?

KLEIN PAULCHEN UND DIE «DOPPELTE BESCHERUNG»

HEILIGER ABEND

Die Vorbereitungen für den Heiligen Abend waren so ziemlich beendet. Wie alljährlich, so auch in diesem Jahr, wurde die Schwester von Paulchens Vater Hans eingeladen, denn sie war sehr lustig und bereicherte dadurch maßgebend den Abend. Klein Paulchen war sehr aufgeregt und ungeduldig. Er spielte mit dem großen Hund Hector in seinem Zimmer, denn die lange Wartezeit bis zur Bescherung war für ihn kaum zu ertragen.

Paulchens Mutter musste nur noch zum Bäcker, um das vorbestellte Brot und die Gebäckteilchen abzuholen. Doch zuvor beschloss sie, noch schnell im Kühlschlank etwas Platz zu machen und nahm die große, flache Schüssel mit den frischen, langen Rinderrouladen heraus und deponierte sie unter dem Fenster, am Boden, im kühlen Schlafzimmer. Sie freute sich über die ausgefallene Qualität.

Dann rief sie: «Hans, ich bin jetzt fertig, wir können fahren.» Er zog nur noch schnell seine Jacke an und sie fuhren los, denn vor dem Bäcker gab es selten Parkplätze, und so konnte er im Wagen warten. Paulchen erzählte seinem Hund alle seine Sorgen, er war sich nicht ganz sicher, ob das Christkind auch sein gewünschtes Smartphone bekommen hat, und es ihm auch schenken kann. Hector nahm seine Sorgen äußerst gelassen hin.

Plötzlich klingelte ein Telefon und Paulchen stellte fest, dass es das Klingelzeichen von Papas Smartphone war. Der Ton kam aus dem Schlafzimmer der Eltern. Er rannte schnell ins Schlafzimmer und nahm das Gespräch entgegen. Dabei begleitete ihn lautlos und fast unsichtbar sein Freund Hector. Er verließ das Zimmer, schloss die Tür und lauschte einer sehr netten weiblichen Stimme: «Hallo, bist du das liebe Paulchen?» «Ja, aber mit wem spreche ich?» «Ich bin das Christkind und möchte heute am späten Nachmittag bei dir vorbeikommen. Kann mich dein Papa am Bahnhof abholen?» Paulchen sprang vor Freude hoch, das Christkind hat an mich gedacht, es kommt heute, es hat mich nicht vergessen, es hat mich sogar angerufen. Jetzt war auch für ihn der Tag gerettet.

Nun klingelte es an der Haustür und die Eltern kamen bepackt zurück. Paulchen rannte ihnen entgegen und berichtete ihnen, dass das Christkind mit ihm gesprochen hat und es zu uns kommt. «Nur du, Papa, musst es heute am Bahnhof abholen. «Der Papa schmunzelte und dachte leise, da hat sich meine Schwester Clara wieder was ausgedacht. «Aber womit hast du das Gespräch geführt?», fragte er laut. «Mit deinem im Schlafzimmer vergessenen Smartphone.»

Diese Unterhaltung durchbrach ein lautes Geschrei der Mutter aus dem Schlafzimmer. «Das ist eine Katastrophe, eine große Schweinerei, eine riesengroße Bescherung, mein ganzes Fleisch ist weg. Hector hat alles aufgefressen!» Wütend gab sie dem Übeltäter einen Tritt und warf ihn aus dem Schlafzimmer. «Was soll ich jetzt nur machen? Die ganze Feier wurde zerstört.» Sie konnte sich nur schlecht fassen, denn jeder von ihnen war teilweise an dieser Katastrophe beteiligt. Paulchen mit gesenktem Haupt und Tränen in den Augen verkroch sich mit Hector in seinem Zimmer. Er war sehr traurig und dachte: «Jetzt ist alles verloren.»

Seine Mutter hat sich langsam wieder gefangen und beschloss: «Hans komm schnell, wir fahren jetzt noch beim Metzger vorbei, um neuen Nachschub zu holen, bevor der Laden schließt.» Das alles hat gerade noch gut geklappt.

Am späten Nachmittag fuhr Vater los, um das «Christkind» abzuholen. Er war auch wieder recht schnell zurück. Doch Zuhause – beim Aussteigen von Tante

Clara – bekam Paulchen fast einen Schock. «Was will die denn hier?», dämmerte es wütend in seinem Kopf. «Das Christkind hat mir doch versprochen, dass es selbst zu mir kommt. Heute geht auch alles daneben. Oder hat das Christkind die Katastrophe mit Hector doch mitbekommen? Denn es weiß ja alles und sieht auch alles.» Seine Laune war buchstäblich im Keller, seine Gedanken wurden hin und her geschleudert, wie die Wäsche in einer Waschmaschine. Keiner war in der Lage, ihn aufzumuntern.

Doch endlich war das Abendessen mit einem neuen perfekten Menü vorüber, man sang Weihnachtslieder und die Bescherung stand bevor. Ein Glöckchen erklang und Paulchen rief: «Endlich, endlich.» Sein Vater schloss das Wohnzimmer auf und alle waren überrascht von dem schönen Anblick des beleuchteten und bunt geschmückten Christbaumes. Jetzt respektierte Paulchen sogar seine Tante Clara, welche ihn versucht hat, die ganze Zeit zu trösten. Nach dem Lied «Stille Nacht, heilige Nacht» war es endlich soweit und Paulchen konnte sich auf den Boden stürzen, um seine Geschenke auszupacken.

Er fischte gleich eins heraus, welches die Maße eines Smartphones hatte. Er riss die Verpackung hektisch auf und schrie: «Es ist da, es ist da, das Christkind hat mich nicht vergessen, es hat mir doch ein Smartphone gebracht.» Er schaltete gleich sein Traumgeschenk ein und es erklang eine wunderschöne, sanfte Stimme: «Hallo liebes Paulchen, ich bin es wieder, dein Christkind, ich danke dir. Denn du hast die ganze Zeit, trotz der Katastrophe, an mich geglaubt. Ich wünsche dir, deinen Eltern und der Tante Clara einen schönen besinnlichen Heiligen Abend.» Paulchen konnte sich vor Freude kaum beherrschen, er wurde von allen Anwesenden ganz herzlich abgedrückt. Seine Freude hat allen die Erinnerungen an die eigene Kindheit wieder zurückgebracht.

Hector wirkte sehr satt und zufrieden und wird mit Sicherheit von diesem ausgezeichneten Weihnachtsmenü noch sehr lange träumen. Und auch Paulchen meinte überglücklich und anerkennend zu Tante Clara:

«Du hast fast so eine schöne Stimme wie das Christkind auf meinem Smartphone.»

Er «blätterte» weiter auf dem neuen Smartphone und fand diesen Stern:

VORWEIHNACHTLICHE TRÄUME UND ERINNERUNGEN

Denn Erinnerungen wirken wie Engelsmusik für die Seele. Mein persönlicher Schutzengel spielt in meinem Leben eine sehr grosse Rolle. Ich glaube an ihn, er hat mir schon mehrfach das Leben gerettet, er besucht mich auch sehr häufig in Träumen und das ganz besonders in der Weihnachtszeit. Er hat mit seinem Kollegen meines Erachtens sogar beigetragen, dass ich meine Traumfrau fürs Leben gefunden habe.

Einige Sterne wurden von meiner Enkelin gebastelt.

Mein Schutzengel hat oft die Betreuung übernommen und manchmal auch recht schwere Aufgaben bekommen. Hat bei Erkrankungen, Problemen an schweren Tagen mich begleitet, gestützt und auf «Händen getragen».

Ich danke Ihm!

TRAUMHAFTER EINSATZ DER HIMMLISCHEN HEIRATSVERMITTLER

Wie uns die Schutzengel zusammengeführt haben.

Es war einmal vor vielen, vielen Jahren, da trafen sich zwei Schutzengel. Der ostpreußische Schutzengel beschützte eine junge Frau im heiratsfähigen Alter. Ein schlesischer übernahm dagegen die Betreuung von einem jungen Mann. Sie beschlossen eine schwierige Lebensaufgabe gemeinsam zu lösen. Denn ihre beiden Schützlinge, um die es hier ging, hat das Schicksal erst kurz zuvor in die Bundesrepublik verschlagen. Sie waren also in ihrer neuen Heimat noch fremd. Sie hatten sich noch nicht akklimatisiert und auch noch keine neuen Freunde. Außerdem standen beide beruflich am Anfang und ihnen fehlte auch noch das «nötige Kleingeld».

Die beiden Schutzengel diskutierten miteinander und haben festgestellt, «dass die betreuten Erdenbürger mit hervorragenden Charakterzügen ausgestattet sind und daher ein perfektes Ehepaar bilden könnten.» «Leider wissen sie noch nichts voneinander, aber glücklicherweise wohnen die Elternteile in einer Übergangswohnung vis-a-vis auf der gleichen Etage», meinte der ostpreußische Schutzengel. «Ich habe auch schon eine gute Strategie, wie ich meine betreute Person ein wenig psychisch beeinflussen werde.» «Aber bitte übertreibe nicht.» «Nein, nein, habe keine Angst, ich bleibe tatsächlich mit den Füßen auf der Erde.» «Wichtig ist – meinte der schlesische Engel – dass der erste Funke überspringt.»

Und so nahmen die Ereignisse ihren Lauf. Die Eltern der jungen Frau bekamen unverhofften Besuch und sie holte vom Bäcker Kuchen. Mit einem beladenen Kuchenteller betrat sie das Treppenhaus. Sie dachte: «Ach ich gehe damit noch schnell in den Keller und nehme die Kaffeemilch mit und so erspare ich mir erneut die Treppen.» Das klappte wunderbar.

Aber um die Wohnungstür in der ersten Etage zu öffnen, fehlte ihr eine weitere Hand, um den Schlüssel aus der Jackentasche zu holen. Das Kuchentablett fing an zu wanken. Der Balanceakt bewirkte, dass die Tortenstückchen nacheinander, im Zeitlupentempo, auf dem Treppenhauskorridor mit einem großen Platsch landeten. Der Fußboden war mit Sahne und Buttercreme fantastisch dekoriert.

«O Gott, das ist eine Katastrophe, was nun?», dämmerte es bei ihr. «In diesem Moment öffnete sich die Tür gegenüber und die Nachbarin kam heraus. Sie wollte sofort an der Wohnungstür klingeln. «Bloß nicht, wir haben Gäste und die brauchen nichts von meiner Katastrophe zu erfahren.»

Sie erhielt einen Eimer mit warmem Wasser und einen Aufnehmer. Sie bedankte sich nett und meinte: «Ich gehe nochmals zum Bäcker, kaufe neuen Kuchen und erkläre den Gästen, dass der Laden sehr voll war.»

Als meine Mutter mir von diesem katastrophalen Ereignis berichtete, imponierte mir diese Geschichte. Ich beschloss, diese couragierte Person kennenzulernen, habe Ausschau gehalten um ihr ganz zufällig zu begegnen. Das klappte selbstverständlich und ich war überrascht, dass ich eine sehr interessante und gutaussehende junge Frau vor mir sah. Ich merkte, dass auch sie mich interessiert betrachtete.

Jedes neue Zusammentreffen bei einem Spaziergang oder einem Tanzvergnügen bereitete uns beiden große Freude. Wir fanden sehr viele Gemeinsamkeiten. Ihr strahlendes Gesicht, ihr Lachen, ihre Herzlichkeit und die positive Lebensbetrachtung brachten uns näher und die ersten Funken sind schnell übersprungen. Es gab den ersten Kuss «und alles kam, wie es kommen muss.» Knapp drei Jahre später gaben wir uns das «Ja-Wort». Am 1. Mai 1965 heirateten wir und erwarben in Neuss ein hypothekenreiches, gebrauchtes Einfamilienhaus. Wir haben es wie eine Filiale des Kölner Doms betrachtet, denn es war für uns fast ein Lebenswerk. Jedes Jahr renovierten und verschönerten wir eigenhändig eine weitere Baustelle im Haus.

Doch leider ist die schöne glückliche, zufriedene und abwechslungsreiche Zeit viel zu schnell verlaufen. Auch unseren beiden Schutzengeln möchten wir ganz herzlich danken, dass sie in unserem Eheleben eine hervorragende Betreuungsarbeit geleistet haben. Vor allem aber, dass sie bei ernsthaften Erkrankungen ihre Hand schützend über uns gehalten haben.

Am 01. Mai 2015 konnten wir unseren 50-jährigen Ehemarathon feiern. Ja, wir haben glücklich, zufrieden und sehr dankbar diese goldene Auszeichnung genossen und gefeiert.

Aber für einen Höhepunkt an diesem Tag haben tatsächlich unsere Schutzengel gesorgt, wir erhielten von ihnen per E-Mail wunderschöne, anerkennende, himmlische Gratulationswünsche. Dafür danken wir ihnen ganz herzlich!

Wir gratulieren Euch zur «Goldenen Hochzeit» und wünschen Euch noch sehr viele gesunde, glückliche und zufriedene Jahre.
Auch wir haben mit Euch gefeiert und sind glücklich, dass sich unsere damaligen Bemühungen so erfolgreich entwickelt haben.

Es danken herzlich

Eure Schutzengel

EINE BEGEGNUNG MIT EINER LANDSMÄNNIN

SCHLESISCHE PLAUDEREI UND DAS AUF EINEM FRIEDHOF

Nun möchte ich über eine Begegnung mit einer Ratiborerin aus Oberschlesien berichten und Ihnen dabei einige schlesische Worte vorstellen. Das Gedicht beinhaltet auch einige Passagen, welche uns die Erinnerungen an die Adventszeit in der Heimat näherbringen können.

Wie die Ereignisse so manchmal sind im Leben,
hat sich auf dem Friedhof `ne Begegnung ergeben.
Eine sehr nette Dame, schon in reifen Jahren,
kam mit Hacke strahlend im Rollstuhl angefahren.

Ich begrüßte sie höflich, sagte noch paar Worte,
sie erkundigte sich nach meinem Herkunftsorte.
Ich sagte: «Oberschlesien», sie meinte, «das war mir klar,
wissen wollt´ nur, welcher Nachbarort von mir es war!»

In Erinnerung schwelgend konnte sie berichten,
über Bräuche, Kultur und auch Alltagsgeschichten.
Vom Christoph, der Brückensprengung angekündigt hat,
die Brücke dann mit Gießkanne Staub löschend betrat.

Sprachen über das Warten aufs Christkind, der Weihnachtsnacht,
bis sich das erste Sternfunzeln hat erkennbar gemacht.
Über den Karpfen gebraten, mit Sauerkraut,
den gut gefüllten Mohnstriezel mit Zuckergusshaut.
Den Sirup-Pfefferkuchen – aromareichen Duft,
durch Kachelofen und Doppelfenster warmer Luft.

Plauderten über Erinnerungen der Kinderzeit
und der schlesischen Küche in der Vorweihnachtszeit.
Wir waren Zuhause, kaschelten auf glitschigem Eis
und vergaßen, dass um uns Sommer war und sehr heiß.

Erwähnten Semmloki, Krupnioki – das Essen,
Krenwurzel, Mostrich, haben Welschkraut nicht vergessen.
Und Oberrüben, Mohrrüben, die gab`s auch zum Glück,
das Geschnörre, Gallert, Griebsch, von der Babe ein Stück.

Eingeweckte Krausen, ausgemieselte Schoten,
selbst Schlickermilch, Stampfkartoffeln wurden geboten.
Die Gedanken hopsten über Zinnober, Plunder,
denn das ist ja beim schlesischen Wortschatz kein Wunder.

Man sprach vom Haderlok, den zerfransten Galotten,
verhunzeltem Gesicht und auch von Herzklekotten,
zerzutschelten Kleidern mit Farben wie ausgelutscht,
und `ner Lumpen-Schieber-Mütze, die meistens verrutscht.

Wir klaubten noch mehr schlesische Wörter hinzu:
der Hader für die Lusche, Ritsche, das Tschiupupu.
Pierunie, man kann nicht nur herumlatschen, motschen,
du Dämlack, pichle nicht und zieh an deine Potschen.

Wir übertrafen uns, haben herzlich gelacht,
hat Erinnerungen an Heimat und Jugend gebracht.
Von halb vier bis dreiviertel fünf wurde geplaudert,
uns stand die Zeit still – waren vom Sprachgut verzaubert.

Fast symbolisch sah ich durch sie jetzt das Schlesierland,
fern, behindert, entwurzelt, in ein' Rollstuhl verbannt.
Und trotzdem spürte ich die Kraft, obwohl vertrieben,
der Heimatwitz und Bräuche sind noch frisch geblieben.

Einige schlesische Worte als Übersetzung:

Christof	regionaler Spaßvogel
Semmloki, Krupnioki	Weißwurst ähnlich Brühwurst mit Brötchen oder Blutwurst mit Graupen
Krenwurzel	Meerrettich
Mostrich	Senf
Welschkraut	Wirsing
Oberrüben	Kohlrabi
Geschnörre	Enten- bzw. Gänseklein
Griebsch	z.B. Apfelgehäuse
Babe	ein Rührkuchen
Krausen	Gläser zum Einkochen
Schlickermilch	gesäuerte Milch, ähnlich wie Joghurt
Haderlok	kommt vom Wischlappen
Galotten	abgetragene zerfranste Hosen
Herzklekotten	Herzstolperprobleme
Ritsche	kleine Fußbank
Tschiupupu	Kauern, in die Hocke gehen
Potschen	Hausschuhe

HUND UND KATZ

MANCHMAL WIE IN UNSEREM LEBEN, CHARLY UND AMIRA – VERLUST DES ANSEHENS

Charly saß vor der Haustür und betrachtete sein Revier. Hier fühlte er sich als Boss, nur markieren durfte er es nicht. Dafür dienten ihm aber alle Bäume in der Umgebung.

Er wartete auf sein Herrchen. «Na was ist denn heute los? Er müsste doch schon mit seinem Auto da sein. Und dann verkürzt er wieder meinen Gassi-Gang. Man kann sich auf nichts mehr verlassen», dämmerte es in seinem Gehirn. Amira rannte in gebührender Entfernung vorbei und unterbrach seine Grübelei. Er konnte sie nicht als Haus-Konkurrentin leiden und knurrte sie stets an, dafür erntete er schon einige Krallentatzen auf seiner Schnauze.

Er neigte seinen Kopf und stützte ihn seitwärts auf die Haustürschwelle und träumte vor sich hin. «Ach hätte es nicht diese kleine blöde Maus in der Küche gegeben, hätte man Amira nicht aus dem Tierheim geholt. Denn das hätte ich nicht für möglich gehalten, dass mein Frauchen aus Angst vor einer kleinen Maus gleich auf den Küchentisch flüchtet. Und jetzt wird diese miese Katze als Retterin gefeiert. Mein Herrchen meinte, das ist eine Phobie, doch damit kann ich leider nichts anfangen. Hoffentlich geht dadurch mein Ansehen nicht verloren. Ja, sie hat sich sogar bei

Frauchen ganz schön eingeschmeichelt.» Charly war sehr gekränkt, denn das war für ihn ein gewaltiger Prestigeverlust. «Ist denn mein heldenhafter Einsatz beim Hauseinbruch im Frühjahr schon vergessen? Es ist nur gut, dass ich den herausgerissenen Hosenfetzen aus dem Gesäß des Einbrechers noch aufgehoben habe.»

Man sah es Charly an, dass er mit großen Problemen zu tun hatte, er wirkte recht niedergeschlagen.

Auch Amira hat es höchstwahrscheinlich gespürt, mit welchen Problemen Charly zu kämpfen hat und stolzierte mit gehobenem und gekringeltem Schwanz direkt an Charly vorbei. Sie wollte ihre erworbene Anerkennung ihm provokativ zeigen. Das war für Charly grauenvoll und sehr schwer zu ertragen.

Zum Glück kam jetzt sein Herrchen mit dem Auto nach Hause und Charly wurde von seinen Grübeleien erlöst. Aber auch sein Herrchen Marcus merkte, dass Charly mit Amira große Probleme hat. Er streichelte ihn und versuchte ihn mit einigen, ruhigen Worten zu beruhigen:

«Ach, weißt du, als unser Nachbar weggezogen ist und der neue Nachbar kam, war auch unser Verhältnis wie Hund und Katze, wie bei euch beiden. Aber, wenn man sich besser kennenlernt und den anderen respektiert, verändert sich das Leben sehr schnell ins Positive. Und außerdem ist auch bald das Weihnachtsfest, da sollte man sich vertragen.»

Charly spitzte seine Ohren, wedelte leicht mit dem Schwanz und schaute sein Herrchen nachdenklich, jedoch fröhlich an, als ob er alles vollständig verstanden hätte.

«Es ist nur gut, dass mein Herrchen mich so lieb hat» und bellte zwei Mal, als ob er sagen wollte: «Na ja, Amira kann ja das Frauchen für sich haben, ich behalte voll und ganz meinen Boss.»

Zu Weihnachten bekam Charly einen neuen großen, flachen Schlafkorb. Und was geschah, Charly ging auf Amira zu, stupste sie mit der Nase an und gab ihr zu verstehen: «Was solls, wenn du schon mal da bist, ist es besser, wenn wir uns vertragen.» Er merkte am Verhalten der Menschen, dass das ein ganz besonderer Tag war.

Er schubste erneut Amira in Richtung seines Schlafkorbes, was bedeuten sollte: «Du darfst, wenn du willst, mit mir in diesem Körbchen schlafen.»

BITTE LOCKER BLEIBEN, MACH DIR NIX DRAUS

*Das Frühjahr kam viel schneller, die Adventszeit auch,
das Jahr verflog so schnell, wie beim Strohfeuer der Rauch.
Doch man sollte alles täglich ruhig ertragen,
vieles vergessen, verdrängen oder vertagen
und kommt man selbst aus der Hektik nicht heraus,
so mach dir nix draus, mach dir nix draus!*

*Verläuft der Alltag nicht immer wie er es soll,
schreien dir die Medien täglich die Ohren voll.
Dies sollst du machen, jedoch jenes lassen,
hier sollst du sparen, dort wieder mal prassen
und hängt dir dann alles zum Halse heraus,
so mach dir nix draus, mach dir nix draus!*

*Altersversorgung, Ersparnisse, schmelzen schnell hin,
bei diesem Zinsniveau hat das Sparen keinen Sinn.*

Man ist kein Känguru, wagt keine Sprünge mehr,
denn der Geldbeutel ist vor dem ersten – oft schon leer.
Und geht dann ein großes Gerät kaputt im Haus,
dann bleib gelassen und mach dir nix draus!

Im Gesundheitswesen – meist nach den Wahlen,
muss man für «Igel Leistungen» noch mehr bezahlen.
Schlägt sich der angestaute Frust auf den Magen
und wirst dann schleunigst zum Doktor getragen,
doch dort nimmt man statt der Galle den Magen heraus,
so mach dir nix draus, mach dir nix draus!

Fürs Rennen im Alltag sorgt beim Rentner die Natur,
man vergisst alles – vom Schlüssel, Brille – fehlt die Spur.
Man will irgendwas holen, doch was sollte es sein?
Kommst mit leeren Händen zurück, dann fällt`s einem ein,
und ist man in der Stadt – vergisst den Einkaufszettel zu Haus,
so vertage den Einkauf und mach dir nix draus!

Mit dem Älterwerden muss man sich nicht beeilen,
es lohnt sich auf Erden länger zu verweilen.
Man muss einfach abschalten, jeden Tag glücklich verbringen,
Kontakte knüpfen, bei Trübsal irgendetwas singen.
Und läuft trotzdem über die Leber manchmal ne` Laus,
so hol sie heraus und mach dir nix draus!

Hast Pflegeheimkosten und Sedativa schon satt,
nimmst Abschied, sterbste und willst in` Himmel glatt.
Am Himmelstor, beim Einlass, gibt's Gezeter:
«Einlass nur für Politiker, Pressevertreter,»
weil die ehrlich, nie gelogen – doch du fliegst heraus,
versuch es erneut und mach dir nix draus!

Lieber eine Fliege, als gar kein Gast in dem Raum,
Corona-Realität – ein Seniorentraum?
Und bist in Quarantäne im Haus dann ganz allein,

kann die Einsamkeit eine Hölle auf Erden sein.
Und fliegt dann noch die letzte Fliege aus dem Haus,
so mach dir nix draus, mach dir nix draus!

Weihnachten, früher ein echtes familiäres Fest,
die Kindergeneration hat heut` weltweit ihr Nest.
Warum Trübsal blasen und mit dem Schicksal ringen,
laden Sie doch jemanden ein, zum Feiern, zum Singen.
Auf diese Art verschwinden die Sorgen aus dem Haus,
so eine Haltung verdient Applaus, sehr großen Applaus!

Weihnachten und Silvester kann man fast schon sehen,
mögen alle Festwünsche in Erfüllung gehen.
Viel Gesundheit und Zufriedenheit sollen es sein,
alle anderen Wünsche sind nichtig – wirken recht klein.
Mit dieser Botschaft gehen wir heut` dankend nach Haus,
kommt `s anders, bleib locker und mach dir nix draus!

«KLEIN INGE UND DER SEE-KÖNIG»
EINE OSTPREUSSISCHE WEIHNACHTSERZÄHLUNG FÜR MEINE FRAU

Die Oma liest vor:

Enkelin Mia sitzt erwartungsvoll auf Omas Schoß.
«Lese mir den See-König» – Mias Spannung ist groß.
Oma liest leise, hat tief ihre Gedanken verborgen,
«es war einmal vor Jahren, an einem Frühjahrsmorgen.

Nach diesen ersten vorgelesenen Gedanken unterbrach Oma und meinte: «Ach, mein Schätzchen, ich erzähle es dir lieber mit meinen Worten.»

Als ich noch so klein war wie du, lebte ich mit meinen Eltern an einem sehr großen See. Auf diesem See schwammen Schwäne, viele Enten und im Wasser befanden sich sehr, sehr viele Fische. Mein Papa wollte für Weihnachten einige Fische zum Essen fangen, denn der See war unter den niedrigen

Bäumen noch nicht zugefroren. Er legte einen netzartigen Kasten mit Futter ins Wasser, man nannte ihn Reuse.

Am nächsten Morgen nahm er mich, also deine Oma an die Hand und wir gingen an den See um nachzusehen, ob sich darin etwas gefangen hat.

Wir kamen näher und merkten, dass irgendetwas in diesem Netzkasten war, denn das Wasser schlug recht hohe Wellen. Mein Papa nahm die Reuse heraus und hielt einen riesengroßen Fisch in der Hand – einen Heilbutt. Der Fisch zappelte, hatte furchtbare Angst und schaute ganz traurig in meine Augen.

Ich rief ganz verzweifelt:

«Papa, Papa, lass ihn bitte, bitte wieder frei.
Ich hör sein Weinen, Betteln, sein Angstgeschrei.
Er ist so süß und so schön – mein Herz tut mir so weh»
und meine Tränen rollten zahlreich in den großen See.

Mein Papa konnte meiner Bitte nicht widerstehen,
ließ ihn frei, er ging nach Hause, doch ich blieb noch stehen.
Wie ein König schwamm der Fisch wieder ein Stück zurück,
war überglücklich – ich wünschte dem Heilbutt sehr viel Glück.

Auf einmal hörte ich eine Stimme, welche die Stille durchbrach.
«Ist es ein Traum oder Wirklichkeit?», denn der Heilbutt, er sprach:
«Danke, danke, du hast mich gerettet, du hast mir geschenkt das Leben
und durch deine Tränen hast du mir die Sprache gegeben.

Als See-König der Märchenwelt und der Wasserwelt
will dich belohnen, habe für dich das Wertvollste bestellt:
«Güte, Gesundheit, Zufriedenheit, all diese Gaben,
auch Glück, sollst du immer in deinem Leben haben.»

Mit diesen Worten der Heilbutt im See wieder verschwand.
Ich war verwirrt, nachdenklich, am Seeufer noch stand.
Vor allem aber zufrieden, überglücklich zugleich,
hab gerettet den König aus dem Seewasserreich.

Für mich, als kleines Mädchen, war das damals das allergrößte Weihnachtsgeschenk. Über die ausgesprochenen Wünsche habe ich mir damals noch keine Gedanken gemacht. Heute bin ich überzeugt, dass die Voraussagen und die Wünsche vom geretteten Wasserkönig sehr dazu beigetragen haben, dass es mir immer gut ging und ich im Leben sehr viel Glück gehabt habe und noch habe.

EINE GANZJÄHRIGE, VISUELLE WEIHNACHTSSTIMMUNG

E ine «barocke Perle» – die Prachtkirche in Grüssau, Schlesien. Und wie eine alte Holzkirche in Schlesien Asyl gefunden hat.

Die Zeit ist leider viel zu schnell verlaufen und nun feiern wir den vierten Advent.

Weihnachten und Silvester stehen vor der Tür,
ein schöner Jahresausklang soll es noch mal sein.
Die Gedanken kreisen, war das Jahr eine Kür?
Doch, wenn die Gesundheit blieb, wirkt der Rest recht klein!

Gesundheit – stand auf einem Weihnachtswunschzettel. Ja, das ist einer der größten Wünsche und gehört auch zu den persönlichen Weihnachtsgeschenken. Ich will hoffen, dass alle dieses große Geschenk «Gesundheit» in diesem Jahr noch behalten konnten.

Jedoch in einem gewissen Alter muss jeder von uns kleine Abstriche machen. Eine besondere Auffrischung in der Adventszeit sind die Enkelkinder. Sie versetzen uns Erwachsene in die richtige Vorweihnachtsstimmung. Man schwelgt in Erinnerungen in der Heimat und die eigene Kindheit wird wieder in vollem Umfang wach.

Ja, das stimmt, die eigenen Wurzeln haben eine unerklärliche Anziehungskraft und so entschloss ich mich mit meiner Frau, in diesem Jahr nach Schlesien zu fahren. Es sollten die barocken Perlen in der Gegend der Schneekoppe und Glatz sein, also in der Heimat von Rübezahl.

Das erste Ziel war die spätbarocke Klosterkirchenanlage in Schlesien, die 1690 erbaute Grüssauer Josephskirche.

Wir bewunderten begeistert die Fresken des Barockmalers Michael Willmann, welcher auch als «schlesischer Raffael» bezeichnet wird. Sie beschäftigten unsere Gedanken, sie erzählten uns optisch ganze Weihnachtsgeschichten.

Ja, das stimmt, unsere schlesischen Vorfahren taten tatsächlich alles, dass sich das Christkind in Schlesien wohl fühlt, dass es sich hier Zuhause fühlt.

Alle heiligen Geschichten wurden in wunderschönen, kunstvollen Bildern dargestellt, man versteht sie ohne Worte und das besondere an den Fresken ist, dass der Maler seine Darstellungen in die schlesische Landschaft eingebettet hat. Auch die Personen hat er in schlesischer Bekleidung der damaligen Zeit gemalt. Ein Blick nach oben, in Anlehnung an die Sixtinische Kapelle, wird in Bildern der Stammbaum v. hl. Joseph dargestellt.

An den Kapellenseiten ein Zyklus von zahlreichen Bildern, wie z. B. Josephs Kummer bei der vergeblichen Herbergssuche in Bethlehem. Hier trat der Künstler selbst in Erscheinung als Herbergsvater, wie schon erwähnt, selbstverständlich in schlesischer Kleidung.

Die Huldigung der Heiligen Drei Könige, Freuden und Schmerzen Mariens und viele andere Bilder. Vor dem prächtigen Altar dahinter die Orgel. Wir waren fasziniert. Diese prachtvolle Schönheit bewirkt sogar Wiederholungen bei der Begeisterung. Hier kann man die heilige Geschichte und Weihnachten in schlesischen Darstellungen ohne Worte verstehen und in kunstvollen Bildern sogar das ganze Jahr betrachten und erleben.

Ein weiteres Ziel war die einmalige Stabholzkirche Wang in Krummhübel. Sie wurde im 12. Jh. im Ort Wang, in Norwegen, errichtet, jedoch 1841 abgebaut und vom preußischen König erworben.

Die Stadt Berlin wollte sie nicht, aber die Schlesier gaben ihr ein neues Asyl, eine neue Heimat, ein neues Zuhause.

Holzschnitt von meinem Freund Alfred Joschko aus Görlitz.

Diese Wanger Kirche hat m. E. für uns Schlesier einen Symbolcharakter, denn so wie diese Kirche wurden auch wir Schlesier entwurzelt und mussten uns eine neue Bleibe, eine neue Heimat, suchen.

Für uns wurde die schöne Stadt Neuss und die Umgebung zur neuen Heimat. Hier bauten wir ein Nest und fühlen uns wieder heimisch, Zuhause. Jedoch die Heimat unserer Wurzeln bleibt Schlesien, unvergessen, immer in unseren Erinnerungen und Träumen.

KOHLMEISE «PIEP-PRINZ» UND DIE «BEFLÜGELTE MENSCHENSEELE»

EIN WEIHNACHTSGESCHENK FÜR UNSERE PIEPMÄTZE

Vor dem Fenster im Garten steht ein großer Kirschbaum. Die Kirschen waren schon reif und auch die Kohlmeisen entdeckten den guten Geschmack dieser Herzkirschen.

Das Meisen-Ehepaar war sehr emsig mit der Versorgung ihrer Familie beschäftigt, welche in einem «Einfamilienhaus» in diesem Baum wohnte. Eines Tages war es soweit und im Baum flogen von Ast zu Ast noch recht ungeschickt sechs oder sogar acht junge Meisen.

Eine dieser Meisen war mit einem besonders großen schwarzen Brust-Lätzchen ausgestattet und sah kräftig und schön aus. Sie wurde auch von ihren Eltern gut versorgt und wie es mir schien, auch sehr intensiv unterrichtet. Sie war wohl für die Meisen-Familie etwas Besonderes, in unserer Sprache: «wie ein auserwählter Prinz».

Die Vögel zu verstehen, sie zu begreifen, das war schon immer von allen ein Wunsch.

Auch ich war unwahrscheinlich neugierig, worüber sich diese Piepmätze miteinander unterhalten. Und durch einen Zufall kam ich in Besitz eines Gerätes, einem «Piep-Pieps-Stimmen-Umwandlungs-Aufzeichner.» Dieser wurde von einem alten Vogelliebhaber vor Jahrzehnten konstruiert.

Was ich zu hören bekam war überwältigend. Diese besondere Meise war ein Bube und sie nannten ihn «Piep-Prinz». Ich dachte immer, die Vögel sind doch vogelfrei: Pustekuchen, auch hier herrscht echter Schulstress, auch sie mussten viel lernen, denn überall lauerten Gefahren. Für die Nahrungskunde, das heißt, welche der Raupen, Käfer oder Spinnen genießbar sind, war die Meisen-Mutter zuständig.

Für das Gebiet der lauernden Gefahren war der «Papi» – mit recht starker Brustfärbung – zuständig. Er machte seine Kinder auf die vielen Katzen aufmerksam, welche in der Aufzugszeit ohne warnenden Halsglöckchen viele noch unerfahrene Jungvögel töten.

Einige Tage später hörte ich wie Mutter-Meise zu «Piep-Prinz» sprach: «Durch deine besondere, große Brustgefieder-Färbung wurdest du in unserer Vogelwelt gekennzeichnet und gehörst dadurch zu einer auserwählten Alfa-Meise.»
«Mami, was bedeutet das?» «Das heißt, dass du über überirdische Vogel-Begabung verfügst und dadurch mit beflügelten Engelswesen der Menschen in Kontakt treten kannst.» «Mami, ist das nicht gefährlich?» «Nein, diese unsichtbaren beflügelten Seelen heißen bei den Menschen Engel.»

«Wir brauchen diese Engel. Wir brauchen ihre Hilfe in der schwersten Jahreszeit – im Winter, in unserer Notzeit des Jahres.

Diese Engel haben ähnliche Flügel wie wir. Du hast die Fähigkeit mit ihnen in Kontakt zu treten und sie können dann unsere Nahrungswünsche den Menschen in Form von Träumen erscheinen lassen.» «Und verstehen die Menschen diese Träume?» «O ja, viele Menschen versorgen uns in der Winterzeit reichlich mit Futter.»

Leider löste sich ausgerechnet jetzt in der kalten Adventszeit der wichtigste Bestandteil des genialen Gerätes, der «Pieps-Wort-Chip», auf und das Gerät erwies sich als irreparabel. Schade!

Ich kann jeden Tag die Vogelwelt mit Blaumeisen, Rotkehlchen, Braunellen beim Verzehr von Nüssen, Sonnenblumenkernen, Mandeln bzw. Haferflocken bewundern. Es ist fantastisch, das Verhalten und Gehabe dieser gefiederten Gäste an der Futterstelle zu beobachten. Einige von ihnen fressen nur auf der Erde, weil sie sich an den hängenden Futter-Knödeln nicht festhalten können. Warten aber darauf, dass die spendablen Meisen Futter runterwerfen.

Doch, wenn einmal das Futter fehlt, kreisen die Meisen im Rundflug mehrmals vor dem Esszimmerfenster und wenn das noch nicht wirkt, setzen sie sich auf die Türklinke und gucken vorwurfsvoll in das Zimmer. «Na, hat dir der Engel noch keine Botschaft übermittelt?»

So eine fantastische Reaktion wird in keinem Fall übersehen. Durch diese zum Teil mitbekommene Vogelsprache ist nicht nur der Winter für Piep-Prinz und seiner Familie gerettet. Auch für mich ist es eine echte Freude, diese Piepmätze zu verwöhnen und zugleich ihnen eine gute Versorgung zu gewähren. Dafür versorgen sie uns das ganze Jahr mit ihrem melodischen Gesang.

«MAMA, DARF MEIN FREUND IN DIE WOHNUNG?»

Endlich ist in der Nacht Schnee gefallen. Gleich nach einem schnellen Frühstück waren Jonas und Anna draußen und tollten in dem frisch gefallenen Schnee herum und bewarfen sich mit einigen Schneebällen. «O, der Schnee ist gut formbar», meinte Anna.

«Was hältst du davon, wenn wir gemeinsam einen Schneemann bauen?», antwortete Jonas.

«Das ist toll», kam prompt die Antwort. «Aber erst dann überraschen wir unsere Mutter», meinte Jonas. Doch wie, das war ihm noch nicht klar.

Sie begannen sofort mit dem Rollen von Kugeln. Das

hatten sie schon ein Jahr zuvor von ihrem Vater gelernt. «Anna mache eine kleinere Kugel für den Kopf, dann brauchen wir noch zwei große und zwei Rollen für die Arme.» Das hat den beiden einen riesengroßen Spaß bereitet. Aber weil es so viel Spaß machte, hatten sie die großen Schneebälle sehr schnell fertig.

Anna meinte: «Was hältst du davon, wenn ich unseren Spielzeugwagen hole und wir platzieren den Schneemann gleich auf unserem Wägelchen?»

«Anna, du bist super, das ist eine coole Idee», schrie Jonas begeistert, «die beste Idee des Tages. Dann können wir ihn auch gut transportieren.» Beide purzelten vor Freude im Schnee herum.

Die erste, die schwerste Kugel, stand schon auf dem Wagen und die zweite folgte auch gleich. Anna holte unbemerkt aus dem Keller eine lange Möhre und Jonas aus dem Schuppen einen alten Topf und einige Kohlestückchen. Jetzt hatten sie alles zusammen und montierten den Kopf und die Arme.

«Ich hätte nicht gedacht, dass wir ihn so gut hinbekommen», sagte Jonas. Anna meinte: «Er ist super – cool.»

Auf einmal lachte Jonas ganz schallend: «Was hast du denn jetzt wieder ausgeheckt?», fragte ihn Anna. «Wir nehmen jetzt unser Wägelchen mit dem Schneemann ins Haus mit, aber so, dass die Mutter es nicht sofort sieht und fragen sie:

«Mama, darf unser neuer Freund zu uns in die Wohnung hereinkommen?»

«Das ist doch selbstverständlich», kam es von ihr.

Jonas drehte sich zu seinem neuen Freund Schneemann um, und sagte ganz deutlich: «Es ist alles klar, Mama hat nichts dagegen!»

«G» – WIE GUTE GESCHENKE

Gesundheit
Geborgenheit
Gesunder geist
Geimpft
Gemütlichkeit
Genesen
Glück
Geprüft
Geld

EINE BESCHERUNG IN DER NATUR

Der Engel Winfried absolvierte auf der Erde sein Erfahrungspraktikum. Heute war er in einem kleinen Park und beobachtete die Tiere. Besonderes Interesse erweckten die Krähe «Schlaui» und das Eichhörnchen «Wuschi». Und weil man ihn als Engel nicht sah, konnte er die Tiere aus direkter Nähe beobachten.

Wuschi lebte auf einem hohen grünbelaubten Baum. Hier befand sich auch weit oben ihr Kogel, das heißt, ein mit Ästchen und Blättern ausgepolstertes Nest.

Schlaui saß am liebsten auf der Spitze des größten Baumes, denn von hier aus konnte sie das ganze Gebiet überblicken. Vor allem aber unbemerkt sehen, wo Wuschi den Wintervorrat versteckt hat.

Die Walnussernte war voll im Gange und Wuschi kam in kurzen Abständen mit neuen Walnüssen angerannt, um sie an verschiedenen Stellen unter Blättern zu verstecken oder in der Erde zu verbuddeln. Die Rabenvögel haben ein gutes Erinnerungsvermögen, sind sehr intelligent und können sich auch später gut an die Vorratsverstecke der Eichhörnchen erinnern.

Die Eichhörnchen können aber im Gegensatz zu den Krähen mit ihren Zähnen Haselnüsse und Walnüsse problemlos aufknacken.

Mit einem «kraaa, kraaa» hat Schlaui ihren Sohn herangelockt. Er sollte einige weitere Lebenserfahrungen sammeln. Auch Vögel müssen in die Schule gehen, um zu lernen. Mutter oder Vater sind die Lehrer. Jetzt sollte «Kleinchen» erlernen, wie man Walnüsse knacken kann.

Wuschi wusste zwar, dass die Krähen ihre Nahrungsverstecke plündern, doch sie war ihnen auch dankbar für ihre Warnrufe, wenn große Raubvögel, Hunde oder Katzen ihren Nachwuchs bedrohten.

Einige Zeit danach wurde Schlauis Sohn geprüft. Er hat tatsächlich eine versteckte Walnuss gefunden, nahm die Nuss in den Schnabel und flog über den nahen, asphaltierten, verkehrsarmen Platz. Den benötigte er, damit die Nüsse aufbrachen. Aus einer entsprechenden Höhe ließ er die Nuss zum Aufplatzen fallen. Doch diese Aktion blieb nicht unbemerkt, denn einige Elstern haben sich schnell auf gute Flugpositionen platziert, um mit einem Sturzflug von diesem Leckerbissen etwas zu profitieren. Als die Nuss auf dem harten Asphalt landete, waren die Elstern schon vor der Krähe da. Die Nuss blieb jedoch dieses Mal ganz. Vermutlich war die Höhe nicht ausreichend. Der Versuch wurde dann erfolgreich durchgeführt und die Elstern haben tatsächlich paar Bruchstücke davon profitiert.

Dieses hoch interessante Schauspiel haben auch die Anwohner dieses Platzes beobachtet. Sie beschlossen, den Vögeln ein kleines Geschenk zu machen und gleich früh, am Heiligen Abend, wurden im Park etliche Walnüsse versteckt. Bei dieser Tätigkeit hat man weder eine Krähe oder Elster gesehen. Und trotzdem, schon nach einer kurzen Zeit, flog eine Krähe mit einer Walnuss im Schnabel über den Platz und das interessante Schauspiel mit der Nuss und auch mit den Elstern hat erneut stattgefunden.

Auf diese Art hatten die Vögel eine schöne Bescherung erlebt und für uns Menschen war es auch ein abwechslungsreiches, wunderbares Ereignis.

EIN WUNDER IN DER WEIHNACHTSZEIT

Unbekannter Autor, das Gedankengut habe ich übernommen, stark verändert und der jetzigen Zeit angepasst.

*Heut erzähle ich eine Geschichte von einer Frau,
mit sehr magerer Rente, einsam, ihr Leben war recht grau.
Es herrschte öfters Ebbe, bei ihr war's schon schlecht bestellt.
Die Kosten zu hoch, fürs Leben fehlte das Geld.
Sie überlegte hin und her, wie das wohl zu ändern wär.
«Wie soll ich weiter leben? – Das Leben ist so schwer.»*

*Sie überlegte, vielleicht hilft mir der liebe Gott,
und schrieb an ihn einen sehr netten Bittbrief, recht flott.
«Lieber Gott, erbarme dich, alles ist zu teuro,
verbessere mein Dasein und schick mir 100 Euro,
ich schenke dir `ne Träne aus dieser kalten Welt,
bitte, bitte, beeile dich und schicke mir das Geld.»*

Sie hat den Brief frankiert in den Briefkasten gesteckt,
ein aufmerksamer Postbote hat ihn gleich entdeckt.
«O, ein Brief an Gott, was soll ich jetzt nun machen?
Die Zustellung ist Pflicht, selbst bei seltenen Sachen.
Am besten stecke ich den Brief beim Finanzamt ein,
denn das kassiert viel Geld von uns allen Menschen ein.»

Ein Beamter hat den Brief entgegengenommen.
«Hier muss ich helfen, zu Gott wäre er nie gekommen.»
Er las ihn sehr aufmerksam und sein Herz wurde weich,
nahm eine Büchse und sammelte im Hause gleich.
Liebe Leute, das ist authentisch, das ist kein Scherz,
es gibt auch Beamte mit einem sehr großen Herz.

Doch der Erlös seiner Sammlung war doch etwas karg,
der Euro ist nicht so locker wie damals die Mark,
statt 100 Euro kamen nur 70 in den Pott,
für den guten Zweck in Vertretung vom lieben Gott.

Endlich kam der Postbote bei der Frau angefahren
mit einem Wertbrief geschmückt mit blonden Engelshaaren.
Die Freude bei ihr war riesig, kaum zu ermessen,
«der Herrgott liebt mich. Er hat mich noch nicht vergessen.»
Sie hielt die 70 Euroscheine in ihrer Hand
und hat sich dankend an den Herrgott schriftlich gewandt.

«Lieber Gott, solltest du wieder mal an mich denken,
um an mich weitere 100 Euro zu verschenken,
da möchte ich dich ganz herzlich bitten,
den Geldbetrag nicht über das Finanzamt zu schicken,
denn die Lumpen haben ungelogen,
mir von den hundert, dreißig Euro abgezogen.

DER WEIHNACHTSSENDER «WOLKE 7»

Den Empfang hat man nur, wenn die richtige Wolke in der Nähe schwebt.

«Schließen Sie bitte die Augen, vielleicht hören Sie, welches Weihnachtslied von diesem Engel gespielt und gesungen wird?»

*Aktuelle Kurznachrichten vor der Adventszeit:
November 2021*

Auf die Wolke Nr. 13 hat der Oberengel Martin seine helfenden Engel zu einer Besprechung eingeladen.

Jeder der Engel hat ein Gebiet zugeteilt bekommen, in dem er die Geschenke vom Christkind gewissenhaft und schnell zustellen soll. An die Engel, die mit Straßenstaus große Probleme haben, wurden Navigationsgeräte für Umwege verteilt. Es wurde auch über die Zustellungsmöglichkeiten der Geschenke mit Drohnen diskutiert.

Doch, bei den ersten Versuchen im vergangenen Jahr sind noch einige Fehler aufgetreten, so bekam z.B. der Opa Heinrich die Barbie-Puppe von Susanne und Susanne ein Pfeifenset mit Tabak.

Das war eine riesige Katastrophe.

EIN WEIHNACHTSBRIEF AN EIN BEFREUNDETES EHEPAAR

Hallo Ihr Lieben!

Heute will ich Euch mit einem handgeschriebenen Brief überraschen, so wie es früher einmal war. Doch nach den ersten Zeilen habe ich es aufgegeben, denn ich konnte meine Kritzelschrift nicht einmal selbst lesen, daher per Computer.

Die Zeit in diesem Jahr ist viel zu schnell verlaufen. Ich kann es einfach nicht verstehen, dass schon jetzt die Adventszeit beginnt. Wo ist das Jahr geblieben?

Zeit hin, Zeit her. Das Problem dabei ist, dass man wieder älter geworden ist und einige Beschwerden sich noch dazu gesellen. Doch das Meckern und Klagen hilft nicht, im Gegenteil, man muss sich mit dem, was man noch hat, arrangieren! Wir freuen uns unwahrscheinlich, dass wir durch die Corona-Impfung einen zusätzlichen Schutz genießen können.

Was hört man bei Euch Schönes? Wie geht es Euch gesundheitlich? Die Antwort würde vermutlich lauten, den altersbedingten Umständen recht gut! Doch dank Telefon, können wir uns darüber ausführlich unterhalten, aber noch schöner wäre es, wenn Ihr bei uns vorbeikommen könntet.

Das bevorstehende Weihnachtsfest weckt wieder unsere kindlichen Erinnerungen an das Christkind, aber auch an unsere verlorene Heimat.

Es heißt zu Weihnachten werden alle Wünsche wahr
Und wir hoffen auf ein baldiges virusfreies Jahr!

Darum wünschen wir fröhliche, besinnliche Weihnachtstage, Glück, Zufriedenheit. Besonders viel Gesundheit, sowie ein gutes, neues Jahr.

ICH WÜNSCHE IHNEN WEIHNACHTEN, WIE ES FRÜHER EINMAL WAR

Unbekannter Autor, Gedankengut ein wenig übernommen, den veränderten Text habe ich den Gegebenheiten und der Zeit angepasst.

Ich möchte ein wenig beitragen, dass etwas mehr Licht, Wärme und Freude wieder in die Herzen fließt.

Herzlich wünsche ich Ihnen, in diesem Jahr,
ein Weihnachtsfest, wie es früher einmal war.
Kein Stress, kein Hetzen bis zur Bescherung hin,
keine herzlosen Geldgeschenke, ohne Sinn.

Ich wünsche Ihnen `ne schöne, stille Nacht,
mit Stern leuchtendem Himmel, weißer Pracht,
und noch zusätzlich ein riesengroßes Stück,
von Gesundheit und Zufriedenheit zurück.

Auch noch viel kindliche Unbekümmertheit,
das Urvertrauen – Bedingungslosigkeit.
Abwechslung, Freude, positive Energie,
das Lachen, Spaß, Mut, Glaube und viel Fantasie.

Ich wünsche Ihnen, ja, ich sah es im Traum,
mit Wachskerzen, Lametta geschmücktem Baum.
Betörend frisch empfand ich den Nadelduft
und von Weihnachtsgewürzen erfüllte Luft.

Ach, könnte diese Nacht schön, besinnlich sein,
nicht mit Wohlstand überladen – eher klein.
Dann hörte man zwischen Smartphone schrillen Klingen,
vielleicht einmal wieder die Engel singen.

Um Sicherheit, Hoffnung, als Wunsch zu schreiben,
könnte das Coronavirus von uns fernbleiben.
So ein Glück hätte man als Bescherung gerne,
wieder leuchtende Kinder-Augen – wie Sterne.

Ich wünsche Ihnen, ach, würde das doch wahr,
ein Weihnachtsfest, wie es als Kind einmal war.
Die Erinnerung blieb, doch lang ist es her,
da gab es wenig, doch fürs Herz war es mehr.

DIE DANKBARKEIT
UND DIE
ZUFRIEDENHEIT

Von diesen wertvollen «Weihnachtsgeschenken» möchte ich Ihnen gerne ein großes Stück schenken!

EIN ÜBERRASCHUNGSBESUCH BEI EINER ÄLTEREN DAME

Aus kindlicher Dankbarkeit ist ein vorweihnachtliches Geschenk entstanden. Es ist vielleicht eines meiner schönsten Erlebnisse in der Weihnachtszeit. Dieser unvergessliche Besuch hinterließ sogar nachhaltige, Herz erwärmende Tränen der Freude.

«Tante Zemke» war eine gute, befreundete Bekannte meiner Mutter und man besuchte sich gegenseitig. Ich mochte sie, denn sie war sehr freundlich und wenn sie bei uns vorbeikam, rannte ich zu ihr, um sie zu begrüßen.

Dafür bekam ich viele Bonbons oder Frigo-Brause-Tütchen. Sie hatte immer meine Lieblings-Süßigkeiten und ich war glücklich.

«Tante Zemke» war kinderlos und durfte den ca. 4- bzw. 5-jährigen Buben, also mich, so richtig abdrücken und mir sogar auf die Wange ein Küsschen draufdrücken. Das habe ich ihr erlaubt, denn sie beschäftigte sich gerne mit mir und erzählte mir auch interessante Geschichten.

In der Weihnachtszeit brachte sie sogar ein Geschenk für mich mit, das vom Christkind bei ihr in der Post abgegeben wurde. Das leuchtete mir ein, denn ihr

Mann war der Postmeister im Ort und demzufolge hat auch das Christkind dort das Geschenk deponiert. Ich freute mich immer auf ihren Besuch und jeder Besuch von ihr hat sich in meine Erinnerung äußerst positiv eingeprägt.

Doch dann kam 1945, die Katastrophe. Schlesien wurde den Polen zugesprochen. Es erfolgte eine rücksichtslose Vertreibung, nur mit Handgepäck mussten die meisten die Heimat verlassen. Fast alle Vertriebenen kamen in die Bundesrepublik Deutschland.

Nach einer sehr langen Zeit, in den sechziger Jahren, war ich beruflich in Niedersachsen tätig. Von irgendjemandem habe ich erfahren, dass in der Nähe von Oldenburg die verwitwete Frau Zemke wohnt. Also meine in der Kindheit geliebte, aber nie vergessene «Tante Zemke».

Es war kurz vor der Adventszeit. Ich entschloss mich sie zu besuchen, um sie mit einem Blumenstrauß, kleinen Leckereien und etwas Kaffeekuchen zu überraschen. In einem Mehrfamilienhaus entdeckte ich dann ihre Anschrift. Ich war sehr aufgeregt. Tief in Gedanken erklomm ich die erste Etage.
Ich klingelte, die Tür öffnete sich und es erschien eine kleine ältere Dame. Ich sagte mit stockenden Worten: «Hallo, liebe Tante Zemke.»
«Richartel, bis du das?» Mehr konnte sie nicht mehr sagen, denn ein fließender Wasserfall kam, sie hat mich umarmt und fest in den Armen gehalten. Auch ich verlor einige Tränen. Schweigend erstarrten wir in dieser Umarmung. Unsere Freude kannte keine Grenzen.

Sie konnte es nicht für möglich halten. «Bist du das wirklich? Ich danke dir, ich danke dir.» Es folgten einige kurz abgebrochene Worte. «Danke, dass du an mich gedacht hast. Dass du mich nicht vergessen hast. Mit deinem Besuch hast du mir die größte Freude bereitet. Dein Besuch ist für mich das größte Weihnachtsgeschenk.»
Auch für mich war das die größte Freuden-Explosion, die ich durch mein Erscheinen verursacht und erlebt habe. In Erinnerungen schwelgend tranken wir Kaffee. Sie versuchte mich, wie damals, den kleinen Buben mit allem, was sie hatte, zu verwöhnen. Spät am Abend erfolgte wieder eine tränenreiche Verabschiedung.

Bis zu dieser Zeit hätte ich es nie für möglich gehalten, dass man anderen Menschen mit einem Besuch und einigen kleinen Überraschungen so viel Freude bereiten kann.

Mein Besuch war nach Jahrzehnten für meine «liebe Tante Zemke» tatsächlich das allerschönste Weihnachtsgeschenk.

Diese Erkenntnisse haben meine Lebensbetrachtung entscheidend verändert, denn es handelt sich hier um das wertvollste Geschenk aller Zeiten und das sogar verbunden mit einem Bumerangeffekt.

Meine Psyche hat einen neuen Satz von A. Dumas verankert: *«Glücklicher als der Glücklichste ist, wer andere Menschen glücklich machen kann.»*

Das half mir einige neue Erfahrungen in diesem Vierzeiler festzuhalten. Dieses Gedicht hat bei mir avanciert, es verkörpert mein Lebensmotto:

Willst Du glücklich und zufrieden sein im Leben,
trage bei, zu andrer Menschen Hoffnung – dem Glück.
Denn Freude, die du anderen hast gegeben,
kehrt oft als Echo in das eigene Herz zurück.

HABEN SIE NOCH EIN GESCHENK VERGESSEN?

Für viele Menschen ist die Weihnachtszeit die schönste Zeit im Jahr. Diese Stimmungslage, die uns in der Kindheit begleitet hat, möchte ich etwas auffrischen.

Die Welt hat sich zwischenzeitlich vollständig verändert und auch wir mit ihr. Unsere Eltern und Großeltern verfügten damals noch nicht über die finanziellen Möglichkeiten der heutigen Zeit. Es waren noch Nachkriegs- und Aufbauzeiten und wir wurden daher mit Geschenken noch nicht überschüttet. Trotzdem waren wir sehr zufrieden und freuten uns sehnsüchtig auf das Christkind.

Wir «schrieben» ans Christkind bescheidene Wunschzettel. Wir wünschten uns Spiele wie: «Mensch ärger dich nicht», Blech- oder Holzautos bzw. einen Kreisel. Bei den Mädchen gab es eine Puppe, ein Stofftier oder ein Puppenhäuschen. Meistens bekamen wir zusätzlich notwendige Bekleidungsstücke für die kalten Wintertage und schneereiche Zeit. Doch manchmal hat sogar das Christkind für unerwartete Wunder gesorgt. Solche schönen Erinnerungen blieben meistens bis in unser hohes Alter erhalten.

Heute klingt die Devise: «Unsere Kinder und Enkelkinder sollen es besser haben, als wir es hatten.» Das Resultat: Viele Kinderzimmer haben mehr Spielsachen als in den vergangenen Jahren ein ganzer Spielwarenladen.

Inzwischen sind wir Eltern und Großeltern «etwas älter» geworden und materiell geht es uns meistens gut.

Zu unseren Sehnsüchten gehören daher auch andere Werte, welche zum Teil auch schon verlorengegangen sind, wie:

> **MEHR ZEIT FÜR EINANDER,**
> **DER FAMILIÄRE ZUSAMMENHALT,**
> **DIE HÄUSLICHE WÄRME,**
> **GEBORGENHEIT, ZUFRIEDENHEIT, LIEBE,**
> **ABER VOR ALLEM DIE GESUNDHEIT UND**
> **WIEDER FRIEDEN IN DER WELT.**

Ja, es stimmt! Und dort, wo diese Wünsche noch zu Hause geblieben sind, gliedern sich das Lachen, die Zufriedenheit, die Dankbarkeit, Zuversicht und Hoffnung als zusätzliche Festgaben gerne dazu.

Vor allem aber auch, wenn die Gesundheit einigermaßen mitmacht, lassen sich alle materiellen Sehnsüchte minimieren.

Leider verläuft das Leben nicht immer, wie man es möchte. Dann müssen viele in unserem Alter ein gesundheitsbelastendes Päckchen tragen. Klagen und Jammern bringen nichts. Im Gegenteil, das verschlechtert sogar die noch verbliebene Gesundheit.

Man sollte seine Wehwehchen akzeptieren und sich mit ihnen arrangieren. Versuchen Sie es von der positiven Seite zu betrachten und Ihre Psyche auf eine weihnachtliche Vorfreude zu lenken. Freuen Sie sich vor allem auf das, was Ihnen die Gesundheit an positiven Gaben noch zurückgelassen hat!

Denn mit diesem Kapital kann man glücklich und zufrieden sein und jeden Tag, sofort, also «jetzt genießen». Ich glaube, dass ich auch bei meinen folgenden Gedanken Ihre Zustimmung bekomme, denn:

Solange die Wicklung noch in Ordnung – also intakt,
die Klappe noch brilliert und volle Wirkung hat,
im unteren Bereich fast alles noch zu – und dicht,
dann muss man nicht rennen, man hat noch grünes Licht.
Und hat der Arzt mit Ersatzteilen auch noch eine Wahl,
dann sollte man nicht meckern,
denn der Rest wirkt recht banal.

WELCHE SEHNSÜCHTE ERWARTEN WIR VOM WEIHNACHTSFEST?

Es soll eine schöne, gemütliche Feier mit der Familie, Freunden oder Bekannten, in einer festlichen Atmosphäre werden. Doch für eine gute Feieratmosphäre kann man auch einen Eigenbeitrag leisten.

Denn man hat wesentlich mehr Zeit füreinander, wenn die größte Tagesgymnastik der Finger abgestellt, also das Smartphone ausgeschaltet Dann schleicht sich sogar die weihnachtliche Stimmung in Form von häuslicher Wärme, Geborgenheit, Ruhe und vor allem die Zufriedenheit mit der Gesundheit ein.

Es könnte sein, dass Sie noch ein Geschenk bzw. eine weitere Aufmerksamkeit suchen. Kein Problem, eines der wertvollsten Geschenke haben wir meistens vergessen!

Aber es besteht immer noch eine große Möglichkeit, in dem Sie Ihre Lieben mit einigen anerkennenden Dankesworten überraschen.

Wie z. B.: «Ich danke dir für die wunderschönen erlebten Jahre, für das gemeinsam erlebte Glück. Ich bin so glücklich, dass es dich gibt.» Bzw.: «Ich danke Ihnen für Ihre Hilfe, Ihre Unterstützung oder für Ihre (deine) Freundschaft.»

Solche Worte kosten nichts, erzeugen aber beim Empfänger ein strahlendes Gesicht und eine nachhaltige Freude. Sie gehören zu den schönsten und wertvollsten Weihnachtsgeschenken.

Wenn Sie einen nachhaltigen Effekt erzielen möchten, schreiben Sie diese Wünsche handschriftlich nieder. Ich garantiere Ihnen, dass so ein Wunschbrief jahrelang erhalten bleibt!

Diese Gedanken bewegten mich zu nachfolgendem Gedicht.

EIN ANERKENNENDES DANKESCHÖN FÜR UNSERE FRAUEN

Durch dich veränderte sich vor Jahren das Leben.
Du Schatz, hast mir Inhalt und neuen Sinn gegeben.
Als Sonne hast du mir Licht und Wärme gebracht
in die damalige, einsame, Junggesellennacht.

Das Schönste und Wertvollste, das ich besitze,
ist deine Liebe – ein Geschenk der ersten Wahl.
Hat Spannungen, Magnetismus, Augenblitze,
beinhaltet Zinsbringendes Festkapital.

Durch deinen Charme, der Anmut und deiner Pracht,
sind meine Sinne betört, nie aufgewacht.
Ich sehe die Ausstrahlung, dein Lächeln nur,
du bist ein Schönheitswunder, Schatz der Natur.

*Jetzt erst spüre ich – begreife, wie sehr ich dich mag,
jeder Tag ohne dich, ist ein verlorener Tag.
Ich will dich verwöhnen, geistig auf Händen tragen,
bei jeder Gelegenheit – in all unseren Tagen.*

*Doch bei allen Wünschen möchten wir eins anstreben:
Gott möge uns erhalten und Gesundheit geben.*

DIE «RAUBKATZEN-INVASION»

*Die schönste Erinnerung aus der Kinderzeit
in Schlesien, die Küche, in der Vorweihnachtszeit.
Das alles sehe ich heut` noch deutlich und klar,
nicht reproduzierbar, weil`s in der Heimat war.*

Auch wenn man als Erwachsener schon viele Weihnachtsfeste erlebt hat, bleibt es nicht aus, dass die Erinnerung in die eigene Kindheit zurückeilt oder auch schöne Erlebnisse mit den eigenen Kindern widerspiegelt. Diese Worte wiederhohlen sich öfters, aber auch das Weihnachtsfest jedes Jahr.

Es sind immer Ereignisse im Zusammenhang mit dem Christbaum, gesungenen Liedern, Geschenken oder der langen Adventszeit mit vielen Leckereien. Bei manchen war es die Oma oder auch die eigene Mutter. Diese Erinnerungen haben kein Verfallsdatum, sie sind einfach tief im Gehirn gespeichert und sind mit einer Adventsstimmung mit dem Gewürzduft, Geschmack und dem Gesang verbunden. Sie sind einfach da! Man kann sie alle wieder zurückholen. Noch heute sehe ich die großen Blechdosen, in denen die mühsam gebackenen Raritäten von meiner Mutter verstaut waren. Das waren einige notwendige Schutzmaßnahmen, um zumindest einen Teil der Kostbarkeiten vor den «gierigen männlichen Raubkatzen» zu retten.

Die Weihnachzeit konnte man riechen von A bis Z.
von Anisplätzchen bis zu Zimtsternen komplett.
Wir Knaben haben einen schleichenden Gang genommen,
dem Duft nach, unbemerkt, in die Küche zu kommen.

Zu lang war das Warten aufs Christkind der Weihnachtsnacht,
bis sich das erste Sternfunzeln hat erkennbar gemacht.

Denn in den Weihnachtsferien waren auch meine zwei Brüder zu Hause und wir «Männer» kreisten alle gerne, wie die Katze um den heißen Brei, in der Küche herum. Um uns abzulenken, produzierte meine Mutter für die »Leckermäulchen« immer noch einige *Haferflockenmakronen – auf die Schnelle* – ohne zu backen. Absolute Spitze!!!

HAFERFLOCKENMAKRONEN

ZUTATEN: 1 Päckchen 500 g kernige Haferflocken, ca. 300 g Butter, ca. 2-3 EL Kakao, 3 Päckchen grob gehackte geraspelte Mandeln, 100 g Mandelblättchen oder Walnüsse, 100-150 g grob geraspelte Schokolade (halbbitter oder bitter), ca.130 g Zucker oder weniger, 1 Päckchen Vanillezucker, ca. 250-300 g (in Rum) getränkten Rosinen.

ZUBEREITUNG: Die Rosinen wurden einen Tag zuvor für Erwachsene in 54% Rum und für Kinder in irgendeinem Saft oder verdünnten Sirup eingelegt.
Die Butter als erstes mit Zucker schaumig schlagen. Alles wurde miteinander vermengt, geknetet, wenn zu fest etwas Saft/Rum hinzufügen und dann in kleinen Kugeln auf ein mit Papier belegtes Kuchenblech gesetzt. Diese Makronen-Häufchen (oder Kugeln), ohne Oblaten, sollten mindestens zwei Tage lang an der Luft trocknen. Diese Trockenzeit haben sie nie überstanden.
Da sie ohne Eier zubereitet wurden, waren sie lagerungsfähig. Alle Zutaten kann man beliebig verändern, erhöhen. Der Teig muss jedoch zum Kneten von Kugeln entsprechend geschmeidig sein, Butter vorher kühlen. Die Viskosität kann man durch Butter, Rum bzw. Haferflocken steuern.

Diese Erinnerung und der vorzügliche Geschmack dieser Makronen gingen mir nicht verloren. Schon in der Adventszeit beginne ich mit der Produktion.

EINIGE SCHLESISCHE FAMILIENREZEPTE

Aus dem Rezeptbuch meiner Mutter – aus dem Jahr 1916 in Sütterlinschrift geschrieben – möchte ich Ihnen einige schlesische Rezepte vorstellen.

PFEFFERKUCHEN I

ZUTATEN: 1 Pfd. Zucker, 1 Pfd. Honig/Sirup, 2 Pfd. Mehl, 250 g Schweineschmalz, 3 ganze Eier, je ein Teelöffel Zimt, Nelken, Kardamom, 50 g Zitronat, 250 g Mandeln, 1 Teelöffel Hirschhornsalz.

ZUBEREITUNG: Zucker und Honig werden auf heißer Platte zusammengerührt, man lässt einmal aufkochen, dann rührt man Mehl, Fett, Eier, Gewürze, das klein geschnittene Zitronat, die geriebenen Mandeln hinein und arbeitet den Teig gut durch. Man lässt ihn eine Nacht im kalten Raum stehen. Am nächsten Morgen knetet man ihn nochmals durch, gibt das Hirschhornsalz dazu und rollt den Teig aus. Man sticht ihn aus und bäckt den Pfefferkuchen auf gefetteten Blechen. Man kann ihn mit Zucker- oder Schokoladenguss überziehen.

PFEFFERKUCHEN II (SEHR GUT UND GLEICH WEICH)

ZUTATEN: 1 Pfd. Honig erwärmt, 1 Pfd. Roggenmehl, 1 Pfd. Weizenmehl, 2 EL Kakao, abgeriebene Schale einer Zitrone, 1 TL Zimt, 125 g gemahlene Nüsse, 250 g Rosinen, 250 g Butter, 1 Pfd. Zucker, 4 ganze Eier, 2 ½ g Kardamom, 5 g Hirschhornsalz, 15 g Pottasche, Milch.

ZUBEREITUNG: Butter und Zucker mit den ganzen Eiern schaumig rühren. Kardamom und Hirschhornsalz sieben, Pottasche in Milch auflösen. Alle Zutaten gut untereinander verarbeiten, auf ein 1 großes Backblech streichen und bei nicht zu starker Hitze backen. Mit Schokoladenglasur bestreichen und ungeschnitten aufbewahren.

MOHN-MILCHBRÖTCHEN-SPEISE – MOHNKLIESSLA

Diese in Schlesien als Mohnkließla bekannte Speise hatte in jedem Ort unterschiedliche Zutaten.

ZUTATEN: 500 g Mohn gemahlen, 1 l Milch, (wenn die Speise etwas länger gelagert werden sollte, statt Milch Wasser), 1 EL Butter, 8 EL Honig, Vanillezucker, Zimt, 20 ml Rum, 1 TL Zimt, 100 g beschwipste Rosinen (in etwas Rum eingeweicht), 80 g gehackte Walnüsse, 100 g Mandelblättchen, 400 g Zwieback oder daumendicke Scheiben Milchbrötchen bzw. Hefezopf, 2 EL Kokosraspeln, 1 EL Mandelblättchen. (Heute kann man auch zerkleinerte Datteln oder andere gute Trockenfrüchte nehmen.)

ZUBEREITUNG: In einem großen Topf werden Milch und Butter leicht aufgekocht. Man streut unter ständigem Rühren den Mohn hinein, auch Zimt, Rosinen, Walnüsse, Mandeln und Honig (mehrere Zutaten verbessern den Geschmack). Das alles bei kleinerer bis mittlerer Hitze ca. 15 Minuten köcheln lassen. Der Mohn darf auf keinen Fall kochen, sonst wird er bitter.
Zum Schluss den Rum dazugeben, es kann auch noch ein anderer Likör sein. Die Mohnmasse sollte eine nicht zu flüssige Konsistenz haben, mit Milch oder Wasser regulieren. Zum Anrichten nimmt man eine größere Glasschüssel und schichtet abwechselnd Zwieback und Mohn. Dabei sollte man mit der Mohnmasse beginnen. Es sollten ca. 3-4 Zwieback-Schichten sein. Zum Schluss, die oberste Schicht mit Kokosflocken und Mandelblättchen garnieren. Gut abgedeckt kalt stellen und über Nacht ziehen lassen. Kühl gelagert hält sich die Speise bis zu einer Woche. Es handelt sich um eine Art Schichtspeise – eine Abwandlung von Klößen. Man sollte daher aus der Schichtspeise einfach Nocken ausstechen.

«ICH FLOG IN SEHR VIELE LÄNDER,
HABE DORT UND DA GEGESSEN,
JEDOCH DIE GUTE SCHLESIER-KÜCHE,
DIE WERDE ICH NIEMALS VERGESSEN!»

«Herr Ober, ich bitte demnächst um ein kleineres Besteck»

EINE WEIHNACHTSNACHLESE ZUM NACHDENKEN

Die Psyche dankt Ihnen, wenn Sie von Ihnen positiv verwöhnt wird. *«Es ist alles nur geliehen auf dieser Welt»,* diesen Satz hat schon Heinz Schenk geprägt, doch noch nie hat so ein Gedanke in diesem Ausmaß die Zeit beeinträchtigt.

Die Corona-Pandemie hat die Anfälligkeit und Verletzlichkeit der gesamten, fortschrittlichen Welt gezeigt.

Man staunt, man fühlt sich wieder sehr klein, trotz aller modernen digitalen und sogar der schon vorhandenen K.I.-Ansätze.

Ein winziger unsichtbarer Virus hat den gesamten rasanten Fortschritt in die Knie gezwungen. Die gesamte Wirtschaft mit Tourismus, Kultur, Veranstaltungen und Gastwirtschaftsgewerbe, wurden in Quarantäne-Zeiten geschickt. Zigtausende Menschen erkrankten und haben ihr Leben verloren.

Schutz, Abstand, Entschleunigung, Verzicht auf Kontakte und Gewohnheiten, heißen die Maßnahmen. Die Wissenschaft arbeitet auf Hochtouren, doch wann werden erst die stattfindenden Impfungen einen endgültigen Siegeszug erlangen, das steht noch in den Sternen. Viele Menschen werden leider noch ihr Leben verlieren. Diese kleinen Viren sind sehr flexibel, sie sind immer schneller als die Wissenschaft. Wir müssen uns engagieren und mit ihnen leben.

Jedoch eine Tatsache steht fest, keiner von uns kann eines Tages sein Vermögen mitnehmen. Daher sollte man zufrieden und glücklich sein, mit dem, was man bisher erreicht hat und trotz allem, jeden Tag genießen.

Denn:

ALLES IST NUR GELIEHEN AUF DIESER WELT

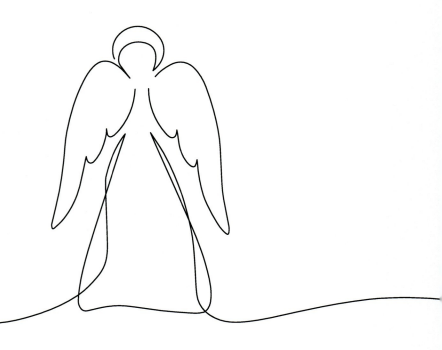

*Eines Tages kommst du splitternackt auf diese Welt,
kann sein erwünscht, vielleicht sogar auch unbestellt.
Schon vorbestimmt war das Elternhaus und auch Geschlecht,
Sitten, Religion und das geltende Landesrecht.*

*Hast `ne Rolle übernommen als irdischer Gast,
machst in galaktischen Dimensionen kurze Rast.
Und doch beinhaltet dieser Miniaugenblick
dein ganzes Leben mit Sorgen, Kummer, Freud` und Glück.*

*Die Bühne ist frei, der Lebenskampf hat begonnen,
die Vorentscheidung hat Fortuna übernommen.
Sie hat jedem seine Lebensrolle zugedacht,
jetzt liegt`s in eigenen Händen, was man daraus macht.*

*Kann sein, dass du emsig – nicht verpulvert hast die Kraft,
hast es durch Arbeit und Geist zu Wohlstand gebracht.
Das Jagen und Sammeln ist das Bestreben,
erfüllt war dadurch ein großer Abschnitt im Leben.*

*Jetzt gilt das Zusammengeraffte gut zu halten,
gewinnbringend und Steuern sparend zu verwalten.
Und trotz aller Güter, dem Vermögen und Geld,
ist alles nur auf Zeit geliehen auf dieser Welt.*

*Eines Tages gehst, wie gekommen, nackt aus dieser Welt,
nur als einziges bleibt zurück, was den Himmel erhellt,
die Taten an deinen sonnigen Wohlstandstagen,
an denen dein Herz von Güte wurde getragen.*

EIN DANK AN MEINE HEIMAT

Das Weihnachtsfest ist schnell vorüber, jedoch die Sehnsucht nach einer verlorenen Heimat blieb erhalten!

ERINNERUNGEN AN DIE HEIMAT

*Durch erste Wärme, Zärtlichkeit aus Mutters Hand
und der Nest-Geborgenheit – die Heimat entstand.
Von deinem Boden aß ich den Brei und das Brot,
hier lernte ich das Lachen, die Furcht, auch die Not.*

*Du formtest mich geistig, gabst mir schützenden Lack,
selbst von Erdkrümeln erprobte ich den Geschmack.
Machtest mich vertraut mit Bräuchen und Kultur,
gabst vom Dialekt `ne unverkennbare Spur.*

*Der Duft deiner Wiesen, abends der Frösche Chor,
den Gesang, welchen die Vögel brachten hervor,
selbst vom Kirchglockenklang könnte ich berichten,
einem Erinnerungsmeer voller Geschichten.*

*Bei dir Zuhause, in der schönen Adventszeit,
da war die Gegend noch immer sehr tief verschneit.
Und an den Doppelfenstern, dem erwärmten Haus,
malte der Frost Frostblumen-Ornamente aus.*

*Über das Weihnachtsfest könnte ich viel auswählen,
über den ersten Christbaum Geschichten erzählen.
Durch den Glauben ans Christkind, der Heiligen Nacht,
hast mich bereichert, mir einen Lebensschatz gebracht.*

*Du bist wie ein Zauber – eine mystische Welt,
durch dein` Reichtum wird alles in Schatten gestellt.
Sehnsüchtig träume ich aus der Ferne von dir,
die Schätze im Herz, verborgen, schlummern in mir.*

VERGESSE NIE DEINE HEIMAT,
DORT, WO DEINE WIEGE MAL STAND.
DU FINDEST NIE IN DER FERNE
EIN ZWEITES, GLEICHES HEIMATLAND.

ERLEBNISSE IN DER SCHLESISCHEN NATUR

im Alter von
5-6 Jahren

Mitten in der prächtigen Natur wurde ich musikalisch verwöhnt.

Die Sonne stand hoch am Himmel und machte sich am Nachmittag durch angenehme Wärme bemerkbar. Uschi meinte: «Richard, was machen wir, was hältst du vom Teich?» «O, das ist prima», antwortete ich. Und so sausten und hopsten wir in Richtung Teich. Der schmale
Fußweg war für uns uninteressant.

Man benötigte keine Ziergärten mit Blumen, denn die natürlichen Wiesen waren mit prachtvollen wilden Blüten übersät. In diesem mit Blumen übersäten Wiesengras schlugen wir Purzelbäume und wälzten uns vergnügt, kreischend und lachend herum. Die «Hoppapferdchen» waren aufgeschreckt und hüpften schnell zur Seite, um sich zu retten. Die Wiese war überwiegend sehr feucht und man versuchte, durch Drainagen und mit Hilfe von mehreren kleinen Gräben der Feuchtigkeit Herr zu werden.

Über der Wiese tanzten bunte Schmetterlinge. Die Hummeln wechselten von Blüte zu Blüte und es war recht interessant zu sehen, dass diese nur bestimmte Blüten mit tiefen Blütenkelchen bevorzugten.

Es war immer recht ruhig, nur die Natur machte sich bemerkbar. Die Spatzen übertönten sogar die Amseln und die gelegentlichen Kuckucksrufe. Die Frösche quakten vereinzelt und lautstark, aber ein heftiges Quakkonzert war erst in der Abenddämmerung angesagt. «Uschi, komm schnell», rief ich, »lauter kleine Stichlinge schwimmen im Wasser.» Auf allen Vieren versuchten wir im Bach Schlammsperren aufzubauen, um einige davon zu fangen. Wir hatten keine Probleme, denn wir liefen ja sowieso Barfuß und das aufgewärmte, saubere Wasser, welches von der nicht weit entfernten Mühlendampfmaschine hier eingeleitet wurde, haben wir als eine willkommene Wohltat empfunden. Diese Fischchen waren jedoch noch flinker als wir und versteckten sich unter den fetten Sumpfdotterblumen und anderen uns weniger bekannten Stauden. Auch Posthornschnecken gab es hier. «Guck, guck, mit welchen Stielaugen die uns anschaut – ist das nicht lustig.» Uschi nahm einen Halm und in dem Moment, in welchem die Schnecke ihre Fühler herausstreckte, hat sie diese gleich angetatscht und die Schnecke zog die Fühler schnell wieder ein. Unsere Aufmerksamkeit erweckte auch ein Salamander, welcher uns kurz besuchte. Er verschwand jedoch wieder ganz schnell und wurde nicht mehr gesehen. Wir stampften mit den Füßen im Bach. Doch dadurch wurde das Wasser stark getrübt und wir sahen nichts mehr.

Uns umgab ein süßer Blütenduft von der Wiese, welcher sich vermischte mit dem Geruch des Moores und der Kräuter. Sie rupfte eine Margeritenblüte ab und zupfte einzeln an den Blütenblättern und sang: «Er liebt mich, er liebt mich nicht ...», bis die Blüte kahl war und warf dann den Rest weg. Ich war ganz stolz, denn selbstverständlich war ich der Ansicht, dass sie mich gemeint hat. Wir waren uns sowieso einig, dass wir heiraten würden.

Nun widmeten wir uns den Blättern des Sauerampfers, den wir nur unter dem Namen «Sauer-rum-pum-pum» kannten und kauten einige Blätter. «Ich finde, der schmeckt heute besonders erfrischend», bemerkte ich. Sie reagierte nicht darauf. «Wer ist schneller am Teich?», rief sie.

Und im Nu waren wir am schilfbewachsenen Ufer des Brauerteiches. Über den Namen haben wir uns nie Gedanken gemacht, er hieß halt so. Einige aufgeschreckte Frösche sprangen ins Wasser und darüber schwebten grün und blau gemusterte Libellen. Es wehte eine leichte Brise und das Schilf auf unserer Seite wurde wellenartig bewegt. Über dem Teich flogen mehrere Schwalben, die hin und wieder im Tiefflug ins Wasser hinein titschten. Auf der anderen Seite schwamm ein Entenpaar.

Die vor uns liegende, für das Baden ungeeignete Teichseite, wimmelte voller Leben. Auf großen Seerosenblättern hockten einige grünschwarz melierte Frösche mit aufgeplusterten Blasenballons und verkündeten lautstark ihren Anspruch auf das Revier. Wir legten uns ans Ufer und beobachteten das rege Treiben im Wasser. Auch einige Froschdoppeldecker waren vorhanden, die wir mit Stöcken unsanft bearbeitet haben.

Nach intensivem Üben gelang es mir, das Quaken der Frösche recht naturgetreu zu imitieren. Ich startete mein Quakkonzert und erregte dadurch die Aufmerksamkeit der Teichfürsten. Sie haben aufgeregt ihr Quartier bezogen und antworteten mit lautstarkem Chor. Irgendwie war ich für sie ein unheimlicher, starker Konkurrent. «Vielleicht denken die sogar, dass du ein verzauberter Froschkönig bist», meinte Uschi ruhig, um die Aufmerksamkeit der Frösche nicht zu stören. «Sind das nicht wunderbare Perlenketten?», meinte Uschi, und zeigte auf die unzähligen Froschlaichketten, die sich zwischen dem Schilf, Wasserlilien, Wasserkannen und anderen Gewächsen herumschlängelten. Selbstverständlich zogen wir einige dieser Ketten aus dem Wasser. Sie waren sehr schleimig und glitschig.

Eine bezaubernde Landschaft. Solche Experimente machten uns beiden viel Spaß. Die ersten Kaulquappen waren geschlüpft und wir konnten auch einen kleinen Fischschwarm, halb unter den Blättern versteckt, entdecken. Ein ganzes Stück von uns entfernt begann eine Rohrdommel ihr Lied zu singen. Es war eine schöne, sich wiederholende Melodie.

«Komm, wir gehen nach Hause», sagte Uschi. Unser Rückweg war langsam und nicht mehr so schwungvoll. Gegen die untergehende Sonne zeichnete sich Gnadenfeld ab. Auf der linken Seite führte eine Straße, leicht bergauf, in Richtung Schneidenburg. Das Kopfsteinpflaster der Straße sah im Sonnenlicht und die dadurch entstehenden Schatten so aus, als hätte jemand kleine Bälle geviertelt und nebeneinander in Reihe und Glied sorgsam aufgereiht. Die Böschungen auf beiden Seiten waren auf der gesamten Straßenlänge mit Kirschbäumen bepflanzt. Jetzt können wir doch noch ein paar Maikäfer sammeln, kam es von uns beiden wie herausgeschossen. Schon aus der Ferne sahen wir sie fliegen. «Der arme Kirschbaum», meinte ich, «die sind doch tatsächlich dabei, ihn vollständig kahl zu fressen.» «Was meinst du, kann der Baum dadurch eingehen?», wollte Uschi wissen. «Ach, warten wir es doch ab, schließlich gibt es genug davon», meinte ich gleichgültig. «Die Kirschblätter müssen wohl diesen Krabbeltierchen am besten schmecken», stellte Uschi fest. Die Bäume kannten wir sehr gut, denn mein Vater machte bei unseren Spaziergängen mit mir immer das Spiel Bäume raten. Das «Bäume erkennen», spielten Uschi und ich auch öfters zusammen. Erleichtert wurde dieses Spiel dadurch, dass die Bäume immer auf der gleichen Stelle blieben und die Positionen nicht wechseln konnten.

Um die Maikäfer einzufangen, brauchten wir gar nicht erst an den Ästen zu schütteln, denn etliche prächtige Exemplare krabbelten schon auf der Erde herum. «Ich habe einen Schornsteinfeger gefunden», rief Uschi. Ich begnügte mich mit einigen Müllern, Bäckern und Jägern. Weil wir weder ein Gefäß noch eine Papiertüte dabeihatten, versuchte ich, möglichst viele in meinen Hosentaschen unterzubringen. Diese Hose hatte ich frisch und sauber am Morgen von der Mutter bekommen. Meine Hosentaschen waren noch leer und meine stets herumgetragenen «wertvollen Gegenstände» waren daheim.

Zu Hause angekommen, beglückten wir das erste Huhn, welches uns begegnete, mit einem Maikäfer. Es tötete ihn mit dem ersten Pick, löste geschickt die Chitin-Flügel mit dem zweiten, und dann schluckte es den prächtigen fetten Happen herunter. Auf der Erde waren nur die Flügel übriggeblieben. Das Huhn erbettelte mit melodischem Gesang die nächste Gabe von uns.

Zugleich gesellte sich eine ganze Schar von weiteren Hühnern dazu und nur die blöden Puten blieben abseits stehen. «Die sind selbst zu dumm, um zu fressen», meinte Uschi, «da muss man sich auch nicht wundern, wenn sie bei Regen einfach stehen bleiben und pitschenass werden.» «Du hast Recht», bestätigte ich ihre Feststellung. Es machte Spaß zuzusehen, wie die Hühner die Käfer gierig fraßen. «Man sollte einen ganzen Karton voll sammeln und ihn dann hier verfüttern», meinte ich. Jedoch der erste Spaß war verflogen und ein erneuter Einsatz wäre Arbeit gewesen. Das war für uns zu viel. Nun gesellte sich der Foxterrier Felix zu uns, welcher schon lange geduldig auf der Steinbank auf uns gewartet hatte. Dass er bei der Maikäfer Fütterungsprozedur nicht mit beteiligt wurde, hat ihm sehr missfallen. Aber einige Streicheleinheiten von uns beiden förderte bei ihm wieder ein lebhaftes Schwanzwedeln zu Tage. Er begleitete uns fast überall auf Schritt und Tritt, aber bei Tierbeobachtungen auf unseren Streifzügen wäre er uns im Wege gewesen. Unsere Kleidung zeigte deutliche Merkmale dieser Forschungsexpedition. Leider waren die grünen Pflanzen- und Schlammspuren bei uns sehr anhänglich geworden.

«Na, das wird ja wieder ein Donnerwetter geben», sagte ich halblaut. Ich überlegte schon, welche besonderen Ausreden ich heute meiner Mutter als Entschuldigung servieren könnte. Uschis Mutter war schon zu sehen, das Abendbrot wartete, und wir verabschiedeten uns. «Hoffentlich ist morgen wieder so ein schönes, warmes Wetter», meinte noch Uschi zum Abschluss. «Gut, wir treffen uns gleich früh am Morgen», rief ich zurück, «dann gehen wir gemeinsam in die Schule.»

DAS «STORCHENGERICHT»

Die Storchentragödie kann ich nicht vergessen, die von Menschenhand verursacht wurde. Hierbei handelt es sich um ein wahres, einmaliges Ereignis in der Natur. Es geschah auf einer Wiese, die ca. 600 Meter von unserem Haus entfernt war.

Es war ein schöner Junitag. Uschi und ich kamen aus der Schule und schlenderten langsam über den Wiesenweg nach Hause. Wir sprachen über die einzelnen Ereignisse in der Schule und stellten fest, dass das Zählen gar nicht so schwer ist. Wir machten große Schritte und zählten sie: eins, zwei, drei bis 10 und wiederholten diese Aktion.

Unsere mathematischen Künste wurden von einem Storchenpaar unterbrochen, welches auf der Wiese gelandet war und sich zu einem zweiten Paar dazu gesellte. Beide Paare hatten ihre Nester in Gnadenfeld. Die Störche hielten sich hier oft auf, weil der Brauerteich und die in Richtung Riedgrund abfallenden feuchten Wiesen den Störchen ausreichende Mengen an Fröschen boten. Es war immer interessant, diese schönen Vögel zu beobachten.

Zwei der Störche hoben wieder ab und flogen in Richtung ihres Nestes davon. «Die füttern bestimmt schon ihre Jungen», meinte Uschi, «wir müssen die Lehrerin fragen, wie viele Frösche so ein junger Storch pro Tag frisst.»

Kurz nach dem Mittagessen kam Uschi ganz aufgeregt herübergelaufen. «Richard, Richard, komm schnell nach draußen. Über der Wiese kreisen am Himmel ganz viele Störche».

«Du spinnst wohl, du meinst vielleicht Krähen», antwortete ich. «Genau die gleichen Störche, wie wir sie auf dem Heimweg von der Schule gesehen haben», antwortete sie vorwurfsvoll und aufgeregt. Diese Nachricht haben auch die Erwachsenen mitbekommen und wir eilten alle auf die Straße, welche höher gelegen war als die Wiesen und eine hervorragende Aussicht bot. Mein Vater meinte: «Das ist unglaublich, was soll das bedeuten zu dieser Jahreszeit?» Einige von diesen Störchen waren schon auf der Wiese gelandet und mindestens noch weitere 30 Störche zogen am Himmel ihre Runden.

Mein Vater lief ins Haus zurück und sagte: «Ich muss schnell den Ornithologen anrufen.» Die Erwachsenen rätselten, was diese Massenversammlung der Störche zu bedeuten hatte. Immer mehr landeten auf der Wiese und hüpften irgendwie aufgeregt in der Gruppe herum, als wollten sie miteinander etwas besprechen oder vereinbaren. Die Anwesenden versuchten, die inzwischen gelandeten Störche zu zählen. «Es sind 45 Störche», meinte einer. «Nein, ich kam auf 50», sagte ein anderer.

Inzwischen war auch der Ornithologe eingetroffen. Er meinte: «Es kann sich hier nur um ein Storchengericht handeln.» «Was meinen sie denn damit?», kam sogleich die Frage aus der Gruppe, die sich inzwischen angesammelt hatte und dieses Naturereignis gespannt verfolgte. «In der Literatur habe ich über so ein Ereignis gelesen, jedoch es noch nie gesehen. Der Storch lebt das ganze Leben vorwiegend in einer Einehe und hier wird einer Störchin ein Ehebruch vorgeworfen.» «Wie will man einer Störchin einen Ehebruch nachweisen?», fragte einer der Anwesenden. «Schuld ist hier der Mensch, welcher in Unkenntnis der ehelichen Bindungen der Störche leichtsinniger Weise einfach Gänseeier ins Nest hineingelegt hat, damit die Störche diese ausbrüten.»

Er wollte noch weiter informieren, jedoch die Spannung war zu groß und weitere Ereignisse nahmen ihren Lauf. Die Vögel formten einen großen Kreis und in der Mitte stand ganz alleine ein einziger Storch. «Das ist die angeklagte Störchin», kommentierte der Ornithologe. Wir beide, Uschi und ich, standen

nebeneinander und konnten die ganzen Ereignisse gar nicht so richtig begreifen, denn es waren doch für uns immer besonders liebe Vögel. Man spürte die Spannung, welche unter den Störchen herrschte. Es sah so aus, als ob sie miteinander sprachen, verhandelten, ja sogar stritten. Sie hüpften hin und her und wechselten öfters ihre Nachbarn.

Auf einmal schloss sich der Kreis. Er wurde immer enger und plötzlich schlugen die Störche mit kräftigen Schnabelhieben auf den einsamen Storch ein. Diese brutale Hinrichtung dauerte nur ein paar Minuten. Die Angreifer hüpften wieder ein Stück zurück und auf dem Boden sah man einen blutbefleckten toten Storch liegen. Nach diesem Gerichtsurteil verließen die «Richter», «Schöffen», «Henker», sowie die restlichen «Zeugen» und «Zuschauer» die Wiese. Die Schar flog in alle Richtungen davon und war im Nu verschwunden.

Auf der Wiese blieb nur die tote Störchin zurück, die sich nun der Ornithologe holte und mitnahm, um sie zu untersuchen. Einer sagte: «Wir haben doch schon im Ort ein Gericht, warum kommen auch noch die Störche zu uns?» Die tote Störchin wollten wir nicht mehr sehen, denn sie tat uns sehr leid. Uschi hatte Tränen in den Augen und auch ich fühlte mich irgendwie ein wenig mulmig. Schweigend gingen wir nach Hause.

Dies war ein einmaliges, sehr beeindruckendes Naturschauspiel. Es war für uns beide aber auch eine große Enttäuschung, denn wir hatten es nicht für möglich gehalten, dass Störche zu so einer Tat fähig sind.

DIE «KRALLEN-MÜHLE» UND DER WASSERMANN

Auch die Fabelwelt war in meiner schlesischen Heimat sehr lebendig. Die schönsten Erzählungen bzw. Geschichten kommen meistens aus der eigenen Heimat. Jedoch was ist eine Heimat? Für viele Menschen ist das ein einfacher nichts aussagender Begriff. Doch die Bedeutung einer Heimat lernt man erst in vollem Umfang kennen, wenn man diese verloren hat. Ein russisches Sprichwort sagt:

«Die ursprüngliche Heimat ist wie eine Mutter, die zweite nur eine Stiefmutter.» Jedoch in Neuss ist es mir gelungen, ein neues, schönes Nest aufzubauen.

In Oberschlesien Kr. Cosel, jetzt Polen

*In Groß-Neukirch, in dem schönen grünen Land,
mit Bach und Teich eine Wassermühle stand.
Das Korn, welches die Bauern hierhergebracht,
wurde zu Mehl gemahlen, auch in der Nacht.*

*Das Wasserrad drehte schwerfällig Runden,
krächzend und stöhnend, tausende Stunden.
Mit einem tscha, tscha, tscha das Wasser fallend klang
und mit klapp, klapp, klapp die Mühle hierzu sang.*

*Sonst war es still, Sternspiegelbild im Wasser klar,
obwohl es ein Freitag, der Dreizehnte war.
Erste Warnzeichen hatte ich schon vernommen,
ein schwarzer Kater ist von rechts gekommen.*

*Meine Vorahnung wurde mitternachts wahr,
mit einem Pferdefuß, grünem, langen Haar,
erschien hier eine nach Schlamm riechende Gestalt,
ein echter Wassermann machte vor mir halt.*

*Mein Herz bebte, vor Schreck wurde ich ganz blass,
aus seiner Kleidung, Haar, rieselte das Nass.
Er meinte: «Zeit hab` ich nur für eine Stunde
zum Plaudern und für Karten – eine Runde.»*

*Im Spieleifer mit einem Ass in der Hand,
schlug mit den Krallen in eine Bretterwand.
Zwei brachen ab und blieben zurück im Brett,
er sagte: «Schade, hier war es trotzdem nett.»*

*Und so wie er kam, er auch wieder verschwand.
Träumte ich? Doch die Krallen waren in der Wand.
Seitdem wird hinter vorgehaltener Hand
die Mühle, nur noch »Krallen-Mühle« genannt.*

EIN SPAZIERGANG MIT RÜBEZAHL IN SCHLESIEN

Heute möchte ich über ein fast unglaubliches Ereignis berichten, über einen Sparziergang mit Rübezahl in Schlesien. Nein, nein, ich spinne nicht, es handelt sich um ein wahres Ereignis.

Am Anfang der Adventszeit erschien mir im Traum mein persönlicher Schutzengel mit einer riesengroßen Überraschung. Er hat mit dem schlesischen Waldgeist Rübezahl Kontakt aufgenommen und vereinbarte für mich mit ihm ein Treffen in Schlesien. Ein Schauer überwältigte mich vor Schreck.

«Der Waldgeist und ich, wie kann so etwas möglich sein?» Mein Schutzengel beruhigte mich. «Hab doch keine Angst, dir wird nichts passieren. Ich weiß es, dass du dich im Stillen darüber freust», meinte er. Ich war sehr aufgeregt, fast ein wenig ängstlich, jedoch überglücklich, dass Rübezahl mir so eine sensationelle Begegnung ermöglicht hat.

Mein Schutzengel hatte recht, denn meine Neugierde war viel zu groß. «Ja, aber wie soll ich denn den unsichtbaren Rübezahl sehen, bzw. wie soll ich mich mit ihm verständigen?», antwortete ich dem Schutzengel. Er meinte «daran habe ich auch schon gedacht und habe für dich mit ihm eine einmalige Ausnahmeregelung getroffen, dass er nur für dich sichtbar und hörbar ist».

Wir trafen uns in Breslau – «der Blume Europas» – wie sie vom Rübezahl genannt wurde, im historischen, gotischen Rathaus, dem Schweidnitzer Keller. Rübezahl war sehr erfreut, dass er auch wieder einmal deutsch sprechen konnte. Wir haben uns erst besser bekannt gemacht und unterhielten uns über persönliche Sachen. Er kam jedoch gleich zum Thema.

Um den Sinn seiner Äußerungen nicht zu verwässern, zitiere ich hier lieber wörtlich. Er meinte: «Es ist erfreulich, dass hier in Schlesien in den letzten Jahren sich doch vieles zum Positiven verändert hat. Noch vor 15 Jahren wurde ich – aber auch vor allem die deutsche Vergangenheit – verschwiegen und man tat so, als ob ganz Schlesien erst nach 1945 plötzlich vom Himmel runtergefallen wäre. Aber die Breslauer Polen haben für die vertriebenen Schlesier mehr Verständnis, weil sie auch selbst aus ihrer Lemberger Heimat vertrieben wurden.»

Er unterbrach seine Ausführungen und meinte: «Jetzt gehen wir in die Galerie des Rathauses und in den Bürgersaal und ich zeige dir Büsten von verdienten Persönlichkeiten, die über die Region hinaus identitätsstiftend wirkten.»

Es sind 30 Büsten aus schlesischem Marmor, alleine kamen von der Uni Leopoldina 11 Nobelpreisträger. Die Büsten zeigen einen angemessenen Querschnitt der schlesischen Geschichte und Kultur, wie z. B.: Gerhard Hauptmann, Physiker Max Born, Carl Gotthard Langhans – der Erbauer des Brandenburger Tors, der Ordensschwester Edith Stein und vielen, vielen anderen.

Rübezahl war sehr stolz, seine Augen funkelten und er zeigte ungehemmt darüber seine Freude der geistige Herrscher in Schlesien zu sein.

Auch ich war sehr zufrieden, denn keiner hat es gemerkt, dass ich einen unsichtbaren Begleiter hatte. Denn, wenn ich mit ihm sprach nahm ich immer mein Handy dazu, als ob ich telefonieren würde.

Die Zeit verlief zu schnell.

Ich unterbrach meinen lieben Gesprächspartner und meinte: «Wie ich von meinem Schutzengel mitbekam, wolltest du mich auch auf einige ‹schlesische Perlen› aufmerksam machen.» Er schnipste mit den Fingern und wir befanden uns plötzlich in Warmbrunn – eine menschengroße Bronze-Statue – «Das ist meine Frau, welche mich leider vor Jahrhunderten verlassen hat.»

Er seufzte und meinte: «Ja, es war eine schöne Zeit.» Man sah ihm deutlich an, dass er ihr immer noch sehr nachtrauerte. «Ist sie nicht schön?»

«Jetzt zeige ich dir in Warmbrunn eine prachtvolle, eine der schönsten evangelischen Kirchen.

Ich kam nicht aus dem Staunen. Auch die evangelischen Christen wollten beweisen, dass sie prunkmäßig den katholischen Kirchen nicht nachstehen müssen.

Es folgte die Stadt Schweidnitz-Swidnica. Er nahm mich an die Hand und wir standen vor der Friedenskirche

Evangelische Kirche in Warmbrunn

in Schweidnitz. Es ist eine riesige Kirche im Fachwerkstil, mit getrenntem Glockenturm, aus dem Jahre 1657. Sie fasst 7.500 Personen. Es ist die größte Fachwerkkirche in Europa und steht seit dem Jahr 2001 auf der Weltkulturerbe-Liste der UNESCO.

Rübezahl meinte: «Es ist ein echtes Holzökogebäude. Für mich als Waldgeist ist Holz das wertvollste Gut. Bei euch im Westen würde man Werbung für Ökomessen-Gottesdienste machen.» Über seine Bemerkung lachten wir ganz herzlich.

Friedenskirche in Schweidnitz

Danach folgte die Festungsstadt Glatz. In Glatz machte mich Rübezahl aufmerksam auf eine große Tafel, auf der die willkürlichen und unmenschlichen Aussiedlungsmethoden von über 96.000 Deutschen durch die Polen nach 1945 anprangert wurden.

Spuren von Aussöhnungsversuchen konnte ich auch in einigen anderen Ortschaften entdecken.

Es war für mich eine äußerst anstrengende, jedoch wunderschöne, kulturelle Exkursion. Ich danke ganz herzlich meinem Schutzengel für dieses Arrangement und ganz besonders bei dem liebenswerten Rübezahl.

Zum Abschied übergab mir Rübezahl als Weihnachtsgeschenk einen 4-Zeiler über die Schlesier und einen einladenden Liedtext nach Schlesien. Er wünschte, dass man seine Heimat besuchen sollte! «Denn ich geselle mich gerne unsichtbar in deutschsprechende Touristengruppen.» Er knipste mit den Fingern und verschwand. Ich stand verwirrt da und wusste nicht, ob es Wirklichkeit war oder nur ein Traum?

Wenn du schlesischer Herkunft bist,
mach dich nicht klein, sei darauf stolz.
Weil's ein Menschenschlag ist,
geschnitzt aus sehr gutem Holz.

RÜBEZAHLS EINLADUNG NACH SCHLESIEN

Schön ist die Welt, in Schlesien am schönsten,
weil unsre Heimat viel zu bieten hat.
Kennst viele Länder, selbst Mikronesien,
doch eigne Schätze übersieht man glatt.

REFR.: Mach doch mal Urlaub in Schlesien,
ein Hochgenuss von kultureller Pracht,
kann sein, dass du hier lange nicht gewesen,
kannst viel erleben was dir Freude macht.

Riesengebirge, Reichtum der Städte.
werden von Rübezahl stets überwacht.
Mit Klöstern, Schlössern, wie auf ´ner Kette,
wird der Besucher überall bedacht.

Mach doch mal Urlaub in Schlesien,
ein Hochgenus von kultureller Pracht,
kann sein, dass du hier lange nicht gewesen,
kannst viel erleben, was dir Freude macht.

Leistung und Fortschritt sind hier geboren,
Nobelpreisträger, dreizehn an der Zahl.
Auch wenn die Heimat für uns verloren,
die Schlesier Handschrift sieht man überall.

Mach doch mal Urlaub in Schlesien,
ein Hochgenus von kultureller Pracht,
kann sein, dass du hier lange nicht gewesen,
kannst viel erleben, was dir Freude macht.

EIN AUTOKAUF MIT HINDERNISSEN

Nun möchte ich Ihnen erlebte und recht ausgefallene Geschichten aus der Nachkriegszeit in Schlesien und der DDR präsentieren.

Es ist erstaunlich, dass man selbst bei problembeladenen Themen, sich so gut amüsieren kann und dass diese sogar ein Schmunzeln und Lachen auslösen.

In diesem Kapitel möchte ich sehr interessante Fakten wiedergeben, von einem gleichaltrigen Freund, Hans, welcher im Jahr 1963 von «einem Auto träumte», einem Skoda Octawia.

Ja, es war tatsächlich nur ein Traum, denn für einen normalen Bürger gab es keine Möglichkeit, ein Auto zu kaufen. «Was nun?» lautete die Frage. Das nötige Geld für ein Auto besaß er.

Personen im höheren Staatsdienst fuhren mit alten geflickten Rostlauben und um selbst eins kaufen zu können, hätten sie die Herkunft des Geldes nachweisen müssen. Die offizielle Bezahlung vom Staat reichte dafür nicht aus.

Doch da gab es noch eine Möglichkeit – im Kohlengruben Gebiet. Die Bergleute waren nämlich, mit Abstand, die Bestverdienenden in ganz Polen. Hier hat man «gehobenem» Gruben-Personal das Privileg eines Autokaufes eingeräumt. Jedoch nicht jeder Steiger konnte oder wollte davon Gebrauch machen. Sie nahmen jedoch das Angebot an, um es weiter zu verkaufen. Diese «Goldgrube» haben einige inoffizielle Vermittler schnell in die Hände genommen.

Ein Handel auf dieser Preisebene war nicht erlaubt, daher durften sie auch nicht in Erscheinung treten. Was nun, er musste einen Bekannten finden, welcher einen Freund zu so einem «nicht existierenden Vermittler» hatte. Diese Hürde wurde genommen und man hat miteinander Kontakt aufgenommen. Nun kam ein neues Problem dazu. Hans konnte nicht für seine Geldsumme eine glaubhafte Herkunftsberechtigung nachweisen, sonst müsste er beim Finanzamt einiges nachzahlen und hätte dann noch einige Schwierigkeiten bekommen.

Die Lösung kam von seinem Freund in der Nachbarschaft. Er hatte mit dem Nachweis des Geldes keine Probleme und beabsichtigte außerdem auch noch ein Motorrad zu kaufen. Auch hier hieß es «eine Hand wäscht die andere» und sein Freund kaufte mit dem Geld von Hans das Traumauto. Hans dagegen kaufte auf seinen Namen das Motorrad. Nun ist ein Wahnsinnstraum für Hans in Erfüllung gegangen. Jedoch ein Problem kommt selten allein. Privatfahrer oder auch Taxifahrer bekamen nicht ausreichende Mengen von Benzin bei den Tankstellen, die Kaufmenge wurde zugeteilt.

Aber in Polen gibt es für alles eine Lösung. Nicht weit von ihm war ein staatliches Verkehrsunternehmen platziert. Ein freundliches Gespräch und etwas Wodka mit dem «Kierownik» – dem Leiter des Unternehmens –, so wurde man sich schnell einig. Die Lieferung von 1000 Litern gelbem Benzin in einem gleichgroßen Behälter mit einer Handpumpe sollte in zwei Tagen in der Dunkelheit ausgeliefert werden. Hans war in seinem Garten schnell am Ausgraben einer Grube, um die gelieferte «Tankstelle» im Erdreich zu verstecken. Jetzt hatte er auch genügend Sprit für seine Fahrten. Nur beim «Tanken» musste er genau darauf achten, dass das Mischverhältnis vom öffentlichen blauen Benzin und seinem zugesetzten gelben Benzin nicht zu sehr auffällt. Das Benzin durfte nicht die blaue Farbe zu stark verlieren, denn die Polizei führte diesbezüglich gelegentlich Kontrollen durch.

Auch bei einem neuen Reifenkauf gab es den entsprechenden Lieferanten. Jetzt konnte er auch für seinen Freund einige Fahrten mit schwererem Gut durchführen. Hans war überglücklich, er hatte sein Traumauto!

EINE POLNISCH-DEUTSCHE «ROMEO UND JULIA» GESCHICHTE

Eine wahre Liebesgeschichte, bei der es zu einem Happy End kommt.

Bleiben wir bei den Nahmen der beiden, des bis über beide Ohren verliebten Pärchens, im polnischen Racibórz/Ratibor.

Manchmal spielt das Schicksal im Leben unverhofft mit und bewirkt, dass zu gleicher Zeit Freudentränen, aber auch Trauertränen fließen.

Schon vor vielen Jahren hatten die Eltern dieser beiden bei den Behörden einen Antrag für eine Ausreise in die Bundesrepublik Deutschland gestellt. Jedoch ohne Erfolg.

Weil «Romeo» kurz vor seiner Volljährigkeit stand, bekam er von der polnischen Militärbehörde eine Aufforderung zur Musterung. Doch dank eines Handgelenkbruches wurde er zurückgestellt. Hier wollte man noch schnell einen Riegel vorschieben.

Manchmal ereignet sich ein wahres Wunder. «Romeo» und seine Eltern erhielten plötzlich am 27. Juni 1964 unverhofft die Ausreiseerlaubnis für die Bundesrepublik Deutschland.

Die Freude war riesig. Nein, in Polen wollte er trotz der großen Liebe nicht bleiben, denn auch bei «Julia» lief auch schon ein Antrag für eine Ausreise. Für «Julia» brach jetzt die Welt zusammen. «Hoffentlich bekommen wir bald unsere Ausreise.»

Schweren Herzens und mit vielen Tränen verlief der Abschied auf dem Ratiborer Bahnhof. Hoffnung, Hoffnung hieß das verbindende Wort der Liebe.

Nun begann eine unerträgliche, lange Trennungszeit, romantisch könnte man sagen eine «Traumzeit». Man träumte voneinander, aber leider waren es häufig Alpträume, die durch eine Stacheldraht-Grenze getrennt wurden.

Nicht einmal telefonisch konnte man miteinander sprechen, denn Handys gab es damals noch nicht und für ein Telefongespräch musste man sich anmelden. Für so ein Gespräch, das stark gestört wurde, bekam man dann einmal im Monat in einem Telefonhäuschen einen Termin, vorwiegend ab 18.00 – 2.00 Uhr nachts. Und billig war es auch nicht. Für beide war der fehlende Kontakt das allergrößte Problem, «denn man hatte so viele schöne Gedanken, die man miteinander austauschen wollte.»

Es folgte eine 19 Monate lange, unendliche Kette von Schikanen und Enttäuschungen, welche aber die gemeinsame Fernliebe noch mehr gefestigt hat. Auch ein Besuch von «Romeo» bei seiner «Julia» wurde von den polnischen Behörden abgelehnt. Man wollte erzwingen, dass «Julia» auf ihre Ausreise verzichtet.

Nach langer andauernder und nervenaufreibender Korrespondenz und Hilfe vom Roten Kreuz wurde eine standesamtliche Ferntrauung vereinbart und «Romeo» bekam die Unterlagen für das deutsche Standesamt zugesendet. Ein bevollmächtigter Cousin des Bräutigams übernahm dann beim polnischen Standesamt stellvertretend für ihn die Stellung und es wurde in Verbindung mit dem deutschen Standesamt am 25.03.1966 eine Fern-Ehe geschlossen. Nun waren «Julia» und «Romeo» offiziell verheiratet.

Sie rechneten, dass sie wenigstens als Ehepaar mehr Chancen hätten und dass er seine «Julia» endlich in die Arme nehmen könnte. Leider verging noch ein weiteres sehr, sehr langes wartendes Jahr.

Doch es schien wieder die Sonne, für das gestresste, aber glückliche Ehepaar. Endlich, am 27. Mai 1967 fand in Mönchengladbach eine schöne, kirchliche Trauung statt. Ein jahrelanger Traum der Neuzeit ging für «Romeo» und «Julia» in Erfüllung! Ein gemeinsamer Hausbau und zwei Töchter krönen die glückliche Ehe. Das Allerschönste bei dieser aufregenden Geschichte ist, dass am 27.

Mai 2017 die Goldene Hochzeitsfeier stattfand und wir als Verwandte durften mitfeiern! Die Ausdauer, Kraft und Hoffnung haben ihnen geholfen, diese goldene Eheplakette zu erhalten.

SOGAR EIN «DACHSCHADEN» KANN NÜTZLICH SEIN

Ein Reiseerlebnis in das deutsche sozialistische Musterland DDR 1974

Nach der Vertreibung meiner Schwiegereltern aus Ostpreußen verbrachten sie 12 Jahre in Thüringen. Im Jahre 1960 flüchteten sie mit meiner jetzigen Frau über Berlin in die Bundesrepublik Deutschland. In Thüringen hat meine Frau die Schulzeit beendet, war berufstätig und mit vielen Gleichaltrigen befreundet. Nur über eine Stasi kontrollierte Brief-Korrespondenz konnte sie Kontakte mit ihren Freundinnen aufrechterhalten. Persönliche Besuche waren damals nicht erlaubt. Erst nach 1970 war es in seltenen Fällen möglich, Verwandte mit öffentlichen Verkehrsmitteln (Eisenbahn) in der DDR zu besuchen.

Schon von Anfang an hat meine Frau aus einer guten Freundin, im Briefverkehr, eine «Cousine» gemacht. Diese «Verwandtschaft» war auch aus der kontrollierten Korrespondenz den Behörden bekannt. Nach langer Überlegung hat sich meine Frau entschlossen, bei ihrer «Cousine» brieflich nachzufragen, «ob ein Kurzbesuch bei ihr in Thüringen möglich wäre». In diesem Brief hat sie gleich ein Problem von uns aufgeführt. «Mein Mann hatte vor Jahren einen schweren Unfall gehabt und danach leidet er an einer Phobie gegen Eisenbahn-Fahrten.» Mit diesem Brief ging die «Cousine» zur Polizeibehörde.

Daraufhin kam von ihr ein Brief mit einer Einreisezusage, «sofern das mit einem neurologischen Arztattest nachgewiesen wird und welches auch von der Gesundheitsbehörde des Ortes» bestätigt wird. Uns wurde mulmig, uns befiel ein echtes Angstgefühl. Hoffentlich landet meine Frau nicht wegen der Republikflucht vor über 10 Jahren im Gefängnis.

Jetzt wurde die Situation ernst. Im Endeffekt entschlossen wir uns zu fahren. Bezüglich der Attest-Formalitäten gab es keine Probleme. Ich begab mich zu einem mir gut bekannten Neurologen und meinte: «Herr Dr., wenn sich jemand freiwillig in die DDR begibt, ist er nicht normal, oder er ist sogar verrückt. So ein Attest über einen «Dachschaden» hätte ich sehr gerne von Ihnen.»

Es folgte ein Lächeln, ein Gespräch über meine tatsächlich erfolgte Kopfverletzung und er bat mich um ausführliche Informationen nach meiner Rückkehr. Ähnlich formulierte ich meinen freiwilligen Ausflug in die DDR im Gesundheitsamt. Diese Dokumente mit meinem offiziell bestätigten «Dachschaden» hatte meine Frau an ihre «Cousine» gesendet. Kurze Zeit danach erhielten wir die offizielle Einreisegenehmigung mit unserem Auto.

Aber ich mit dem «Dachschaden» durfte mit dem Auto nicht fahren. Doch das verursachte kein Problem, denn meine Frau fuhr schon immer ausgezeichnet mit unserem Fahrzeug.

Nun war die unverhoffte Angelegenheit endgültig besiegelt und wir begannen mit einigen Vorbereitungen und Einkäufen. Im Sommer 1974 war dann der Tag, an welchem wir gemeinsam mit unserem 7-jährigen Sohn die Reise antraten. Die Strecke bis 10 km vor der Staatsgrenze fuhr ich mit dem Auto, dann wechselten wir die Plätze und ich saß brav mit unserem Sohn auf der hinteren Autobank.

Auf der westlichen Seite der Autobahn passierten wir schnell die Kontrolle und fuhren über die, mit mächtigem Stacheldraht dekorierte Brücke des Werra Flusses bis zum DDR-Kontrollpunkt. Bei einer Kontrollstelle mussten wir unsere Pässe abgeben. Aus heutiger Sicht wissen wir, dass diese kopiert und archiviert wurden. Vieles von diesen Informationen verwendete damals der Osten für Spionagezwecke. Inzwischen wurde das Auto mit Spiegeln an Stielen von unten untersucht. Mich hat ein Beamter in ein Gebäude begleitet.

Erst wurde bei mir das mitgeführte und deklarierte Geld kontrolliert und zwei Beamte stellten mir unendlich viele Fragen. «Warum wir in die DDR reisen? Bei welcher Firma ich arbeite? In welcher Funktion? Macht ihnen die Arbeit Spaß?» Ich antwortete darauf: «Ach, wissen Sie, es ist vermutlich wie bei Ihnen, sofern das Wetter schön ist, ist man immer besser gelaunt.»

«Was macht die Cousine ihrer Frau? In welcher Firma ist sie tätig.» Da ich sowieso einen Dachschaden hatte, meinte ich: «Bei Ver-wandten sind für mich Beschäftigungen, Firmen und andere Sachen uninteressant, es zählen nur die Freundschaften und die Kontakte.» Sie merkten, dass sie mit einem «Idioten» nicht viel anfangen konnten. Ich wurde wieder zum Auto begleitet.

Jetzt wurde meine Frau zur Kontrolle und Befragung geholt.

Neben unserem Auto, auf der anderen Spur, wurde ein eleganter Sportwagen von uns aus der Bundesrepublik mit zwei jungen Männern kontrolliert.

Sie waren modisch zu gut gekleidet und einer von ihnen hatte sogar Sportleder-Handschuhe an. Ja, man wollte ihnen zeigen, «wer hier was zu sagen hatte». Das konnte man deutlich sehen. Denn neben dem Reisegepäck lagen auf dem Tisch sogar eine ausgebaute Tür und Innenverkleidungen des Autos. Im gewissen Sinne war ich sogar froh, dass diese neidgesteigerten Beamten ein Opfer hatten und sich mit ihrem Hass auf uns Westdeutsche abreagieren und auch ihre Macht beweisen konnten.

Nun waren wir mit unserem Opel Rekord mit der Innenraum Kontrolle dran. Man untersuchte alle Stellen, wo man etwas verstecken könnte. Der Beamte holte aus dem Handschuhfach eine ganze Hand voll Kugelschreiber und meinte: «Das ist verboten, kennen Sie nicht die Vorschriften?» «Was für Vorschriften», erwiderte ich? «Kugelschreiber mit Firmenreklame darf man nicht einführen». «Kein Problem» meinte ich «Bitte werfen sie diese einfach weg.» Dann verlangte er von mir, dass ich den hinteren Sitz herausnehme, ich erwiderte ihm, «dass das nicht geht». Er zeigte es mir und es ist mir auch gelungen. Ich war überrascht, was alles zum Vorschein kam. Viele kleine Münzen, ein kleines Taschenmesser, ein Kamm und viel Dreck haben sich präsentiert.

Die nächste Aktion hat im Kofferraum stattgefunden. Hier musste ich die Koffer auf den danebenstehenden Tisch deponieren und öffen. Der Beamte wühlte im Koffer und hatte mehrere «Burda Mode Hefte» in der Hand und sagte: «Jede Art von Waffen, Munition, Zeitungen, Zeitschriften dürfen nicht eingeführt werden.» Hier meldete sich auf einmal unser Sohn mit der Frage:

«Mama gehören Hefte auch zu Waffen?» Wir versuchten ihn ganz schnell zum Schweigen zu bringen. Meine Frau erwiderte dem Kontrolleur, «dass war mir nicht bekannt, bitte entsorgen sie diese Hefte.» Nach dieser Prozedur konnten wir unsere Koffer wieder zusammenpacken und im Auto zu deponieren.

Jetzt fuhren wir einige Meter weiter bis zum nächsten Gebäude, in welchem wir pro Kopf und Tag des Aufenthaltes einen Betrag von je 20 DM eintauschen mussten. Dafür benötigten wir mehr Zeit, denn es mussten noch Formulare ausgefüllt werden. Leider hatten wir keinen Kugelschreiber mehr und baten die Beamtin, um das Ausleihen eines Kugelschreibers, leider ohne Erfolg. Wir, als Westdeutsche, bekamen von ihr stattdessen eine barsche Abfuhr. Im Gegensatz zu uns erfüllte sie diesen Wunsch bei den dänischen und englischen Einreisenden.

Endlich hatten wir alle Grenzformalitäten hinter uns und konnten in die DDR einreisen. Transitreisende, also Reisende nach Polen, durften in keinem Fall die Autobahn verlassen.

Unsere «Cousine» wohnte mit ihrem Mann in einem großen Wohnblock, mit ca.18 Wohneinheiten. Er führte eine selbstständige, in der DDR gut bekannte 5-Personen-Kapelle. Nach der Begrüßung fuhren wir zusammen zur Polizei, um uns anzumelden. Im Wohnblock mussten wir uns in das im Parterre ausgelegte «Buch der Hausordnung» eintragen mit unserer Adresse, Zweck und der Ankunftszeit. Überall eine Kontrolle pur! Obwohl wir von vornherein auf eine auffallende Kleidung verzichtet hatten, fühlten wir uns wie exotische Exemplare im Zoo. Nur das Schuhwerk hat unsere Herkunft verraten. Vor allem hat unser Opel Rekord großes Aufsehen erregt. Viele Männer haben ihn bewundert. Es war vermutlich das erste Fahrzeug dieser Marke, welchem es gelungen ist, in die Stadt zu gelangen.

An einem Abend waren wir zu Gast bei einer Tanzveranstaltung. Unser Gastgeber spielte mit seiner Kapelle, wir hielten uns zurück und hatten uns nur auf stille Beobachtungen eingeschränkt. Er musste jede gespielte Melodie notieren, wobei er einen zehnprozentigen Anteil der gespielten Melodien westlicher Herkunft nicht überschreiten durfte.

Es hat keinen Zweck, die Verbote aufzuzählen. Viel einfacher wäre es die wenigen erlaubten Sachen zu erwähnen. Unser Sohn bewunderte täglich den Fluss im Ort, die «Weiße Elster», denn dieser Fluss hatte jeden Tag eine anders aussehende Wasserfarbe.

Unser Kurzurlaub ist mit vielen hochinteressanten Erlebnissen zu Ende gegangen und wir mussten uns wieder im Hausbuch und der Ortspolizei abmelden.

Bei der Rückfahrt aus der DDR durfte nur ich das Fahrzeug fahren. Wahnsinn!

AUCH IM NEUEN JAHR SOLL UNS DIE LEBENSFREUDE ERHALTEN BLEIBEN!

Das ist nicht nur ein Weihnachtswunsch, ein weiterer Wunsch verbirgt sich auch in unserer Hoffnung auf Frieden.

Es wäre sehr schön, wenn unsere geistigen Mitbewohner, wie: Glück, Geborgenheit, Freude und Zufriedenheit sich weiterhin wohlfühlen würden und uns treu blieben.

Weitere Zugeständnisse der Psyche erleichtern es:

LASS DIE SONNE IN DEIN HERZ,
DANN SPRIESST SCHNELL EIN GRÜNER AST,
WO GEBORGENHEIT UND SCHERZ,
MACHT EIN SINGVOGEL SCHNELL RAST.

Denn eine von uns gemietete Herz-Wärme und eine positive, psychische Ausstrahlung gehören zu den wertvollsten Schätzen. Man kann einiges davon genetisch erben, man muss aber selbst einen Beitrag leisten, dass es zu einer erhöhten Ausschüttung von Dopamin kommt. Dann sollte man die eigenen Gefühle und das Empfinden in eine positive Richtung steuern, sich öfters freuen und herzhaft lachen.

Als ich noch jünger war, habe ich einige Wünsche, Urlaubsträume einfach vertagt, nach dem Motto: Ach das machen wir später, wenn wir Rentner sind. Dann haben wir Zeit und können viele Erkundungsfahrten in Deutschland vornehmen. Pustekuchen! Für die jetzt geschädigte «Karosserie» sind das nur «Marathon-Träume».

Wir haben damals nicht nach unserer Gesundheit gefragt und auch nicht den Spruch «verschoben ist nicht aufgehoben» bzw. «Glück und Glas, wie leicht bricht das» richtig verstanden.

Also jetzt, jeden Tag ausnutzen und genießen. So ein Vorhaben kann man vielseitig interpretieren. Wenn man es noch kann, sollte man die Eigenschaften, Interessengebiete, Beschäftigungen bzw. Hobbys bevorzugen, die Freude, Genuss und Zufriedenheit erzeugen.

Genießen Sie daher die kleinen Dinge. Sie machen das Leben großartig, vor allem wenn die Gesundheit einem erhalten bleibt. «Der gesunde Mensch hat viele Wünsche, der Kranke nur einen.»

Denn eine vorhandene Lebensqualität, Freude, Zufriedenheit, locken weitere Botenstoffe an. Diese zusätzlichen Endorphine gesellen sich gerne dazu. Sie reduzieren eventuell vorhandene Schmerzen und können den Körper sogar in einen Rauschzustand versetzen.

Ja, das wirkt wie eine heilende Droge. Meine Droge hieß und heißt Optimismus und hat keine Nebenwirkungen.

Wenn Sie Stress und Hektik vermeiden und zusätzlich durch Humor und Spaß bereichern, werden noch mehr Hormone als Zutaten freigesetzt.

Jeder von uns hat es selbst in der Hand, wie man der eigenen Psyche einen Gefallen, eine Freude, erfüllen möchte. Man kann auch seine Psyche mit einem «Rezept für gute Laune» verwöhnen.

Sinnvoll sind Kontakte zu freundlichen optimistischen Menschen, die gerne lachen und sich sogar freuen, wenn sie ein kleines fast unsichtbares Hornveilchen am Straßenrand erblicken. Die Natur sorgt überall für wunderschöne Lichtblicke und Überraschungen. Man muss sie nur sehen, nicht blind im Stress und hektisch vorbeirennen. Und wo sich schon die Freude eingenistet hat, gesellt sich auch das Glück mit der Zufriedenheit zu einem Terzett.

__Das Leben ist viel zu schön und zu kurz, um es durch negative Stimmungslagen zu verpesten. Die meisten Zutaten für ein gutes Rezept hat die Lebenserfahrung selbst diktiert. Man muss nur genügend Mut aufbringen, um sein Vorhaben zu verwirklichen.__

Denn:
Nur glückliche und fröhliche Menschen können andere Menschen glücklich machen.

ALLES HAT SEIN ENDE, AUCH DAS JAHR

War das tatsächlich noch ein weiteres Weihnachtswunder? Denn plötzlich sprach das Jahr zu uns persönlich, mit einer klaren Stimme!

Hallo, ich grüße dich, ich bin das neue Jahr,
2022 schreibt man mich, hoffentlich ist dir das klar.
Bei mir kannst du meist Erfolgstage anmieten,
doch die Schuld liegt bei dir, greifst du mal nach Nieten.

Nur sehr gute Tage möchte ich dir schenken,
sie sollen die Wochen, Monate, Jahre lenken.
Auch schöne Momente möcht` ich dir geben,
bei bester Gesundheit, einem langen Leben.

Und meinte dann noch tröstend:
«Nicht nur du wirst älter, auch meine Jahreszahl verändert sich ständig nach oben!»

EIN FROMMER NEUJAHRSWUNSCH

Ich wünsche eine gute Zeit im neuen Jahr,
mit Sicherheit, wie sie vor Corona mal war.
Kontaktfreundlich, mit viel Wärme, Geborgenheit,
quarantänefrei, ohne einer Einsamkeit.

Möge die Impfkampagne bald Früchte tragen,
die Gesundheit sichern, das Virus verjagen.
Keine Aerosole würden um uns schwingen
und lauter Gesang könnte wieder erklingen.

Ich wünsche erneut mehr Reise-Beweglichkeit,
fürs Feiern mit Freunden und mehr Geselligkeit.
Mehr Gelegenheit für Unsinn und zum Lachen,
für Enkelbesuche, die sehr viel Freude machen.

Vielleicht können wir viele Erfahrungen verwalten,
um die Zufriedenheit uns lange zu erhalten.
Und sinnvoll materielle Wünsche minimieren,
dann würde sogar die Dankbarkeit mehr stolzieren.

Lesen Sie auch, das im Jahr 2021 erschienene Buch des Autors:

WOLLEN SIE NEUE
LEBENSQUALITÄT TANKEN?
HIER IST EIN «WEG-WISCHER»
VON TRÜBEN GEDANKEN.
SELBST GLÜCK, GEBORGENHEIT, SPASS
NISTEN SICH GERNE EIN,
WENN MUT VORHANDEN –
WERDEN SIE BEI IHNEN SEIN.

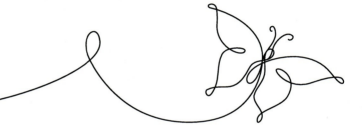

Richard Jauernik
REZEPT FÜR GUTE LAUNE – FREUDE AM LEBEN

*1. Aufl. 2021, 196 Seiten, farbig illustriert,
Format 17 x 24 cm, Softcover*
ISBN 978-3-89960-490-0

18,90 Euro

Der Autor möchte den Leser mit Optimismus und Zufriedenheit anstecken. Dieses Buch dient als Anstifter für mehr Lebensqualität, Klarheit und Sinn im Leben. Anhand von Beispielen zeigt es auf, wie man mit Schwierigkeiten im Leben besser und leichter umgehen und wie man Lebensfreude wieder zurückgewinnen kann. Die Erzählungen und Geschichten strahlen viel Freude, Wärme und Geborgenheit aus.